OEUVRES
DE
HÉGÉSIPPE MOREAU

Nouvelle Édition

PRÉCÉDÉE D'UNE NOTICE LITTÉRAIRE

PAR M. SAINTE-BEUVE

DE L'ACADÉMIE FRANÇAISE

> Parvulos ne despicias.
> SALOMON.

LE MYOSOTIS
POÉSIES DIVERSES
CONTES EN PROSE

PARIS

GARNIER FRÈRES, LIBRAIRES-ÉDITEURS

6, RUE DES SAINTS-PÈRES, 6

1881

3376

ŒUVRES

DE

HÉGÉSIPPE MOREAU

PARIS. — IMPRIMERIE CHARLES BLOT, RUE BLEUE, 7.

HÉGÉSIPPE MOREAU

Hégésippe Moreau, né à Paris en avril 1810, était fils d'un homme qui devint professeur au collége de Provins, et il fut conduit, tout enfant, dans cette ville. Sa naissance fut irrégulière, bien qu'il connut ses parents. Son père le laissa orphelin en bas âge; sa mère se plaça chez une dame de Provins, madame Guérard, depuis madame Favier, et l'enfant, recueilli par cette bienfaitrice, grandit près d'elle; les fils de la maison surtout s'intéressaient tendrement à lui. Il commençait à prendre des leçons au collége de Provins, lorsque des circonstances firent quitter la ville à ses bienfaiteurs, qui allèrent habiter la campagne. C'est alors qu'il fut placé, d'abord au petit séminaire

de Meaux, puis à celui d'Avon, près Fontainebleau, où
il fit ses études, d'excellentes études classiques, sans
oublier les vers latins qu'il variait et tournait sur tous
les rhythmes d'Horace. Au sortir du collége, sa mère
n'était plus. Il pouvait se croire orphelin dans le monde
et délaissé ; mais non, c'eût été une injustice ; lui-
même nous le dit :

> Car de l'école à peine eus-je franchi les grilles,
> Que je tombai joyeux aux bras de deux familles.

Madame Favier, retirée à Champ-Benoist, lui continuait encore ses soins ; surtout il trouvait un accueil
affectueux et délicat auprès de madame Guérard, sa
belle-fille, qui le recevait à sa ferme de Saint-Martin :
Moreau a consacré le souvenir de cette hospitalité par
la charmante romance de *la Fermière*. Vers le temps
de sa sortie du collége, il entra en apprentissage dans
l'imprimerie de M. Lebeau, maintenant encore imprimeur à Provins. La fille de celui-ci, mademoiselle
Louise Lebeau (aujourd'hui madame J.), est celle
même qu'il a célébrée si purement et si chastement
sous le nom de *ma sœur* dans quelques-unes de ses
plus jolies pièces, et à laquelle il a dédié ses *Contes*.
« Je m'étais arrêté, dit-il quelque part, dans une imprimerie toute petite, mais proprette, coquette, hospi

talière ; vous la connaissez, ma sœur. » *Mon cœur,*
dit-il encore :

> Mon cœur, ivre à seize ans de volupté céleste,
> S'emplit d'un chaste amour dont le parfum lui reste.
> J'ai rêvé le bonheur, mais le rêve fut court.

Il y eut en ces années un Hégésippe Moreau primitif, pur, naturel, adolescent, non irrité, point irréligieux, dans toute sa fleur de sensibilité et de bonté, animé de tous les instincts généreux et non encore atteint des maladies du siècle. Moment unique et rapide qu'il a essayé de ressaisir plus d'une fois, de retracer dans ses vers, et qui nous en marque aujourd'hui les plus doux passages. Il y a ainsi en chacun de nous, pour peu que notre fonds originel soit bon, un être primitif, idéal, que la nature a dessiné de sa main la plus légère et la plus maternelle, mais que l'homme trop souvent recouvre, étouffe ou corrompt. Ceux qui nous ont connu et qui nous ont aimé sous cette forme première continuent de nous voir ainsi ; et, si l'on a le bonheur d'avoir une sœur qui ait continué elle-même de vivre d'une vie simple et uniforme, d'une vie fidèle aux souvenirs, elle nous conserve à jamais présent dans cette pureté adolescente, elle nous garde un culte dans son cœur, elle nous adore telle que nous étions alors sous ces premiers traits d'un développement aimable et pudique. Ce *nous-même* d'autrefois, qui souvent, hélas! n'est plus actuellement en nous, subsiste en elle et vit comme un ange de Fra-Bartolommeo peint sur l'autel dans l'oratoire.

Hégésippe Moreau a eu ce bonheur au milieu de toutes ses infortunes, et aujourd'hui, si l'on interroge sur le compte du poëte celle qu'il appelait alors sa *sœur*, elle répond en nous montrant au fond de son souvenir ce Moreau de seize ans, « de l'âme la plus délicate et la plus noble, d'une sensibilité exquise, ayant des larmes pour toutes les émotions pieuses et pures. »

Je prends plaisir à marquer ces premiers traits, parce que ceux qui ont le plus loué Moreau à l'heure de sa mort en ont fait un poëte de guerre, de haine et de colère. Il l'était trop devenu en effet, mais il ne l'était point d'abord ni aussi essentiellement qu'on le voudrait dire. Étendu sur son lit de mort à l'hospice de la Charité, le caractère qui était le plus empreint sur sa face, me dit une personne qui ne l'a vu que ce jour-là, était une remarquable douceur.

En parlant ici d'Hégésippe Moreau, je ne viens faire, on peut le croire, le procès ni à la société ni aux poëtes. Les poëtes sont une race à part, une race des plus intéressantes quand elle est sincère, quand l'imitation et la singerie (comme il arrive si souvent) ne s'y mêlent pas; mais, dans aucun temps, cette race délicate ou sublime n'a paru se distinguer par une connaissance bien exacte et bien pratique de la réalité. Quant à la société, c'est-à-dire à la généralité des hommes réunis et établis en civilisation, ils demandent qu'on fasse comme eux tous en arrivant, qu'on se mette à leur suite dans les cadres déjà tracés, ou si l'on veut en sortir, qu'alors, pour justifier cette prétention et cette exception, on les serve hautement ou qu'on les amuse; et, jusqu'à ce qu'ils aient découvert en quelqu'un ce don singulier de charme ou ce mérite de haute utilité, ils sont naturellement fort inattentifs et occupés chacun de sa propre affaire. Peut-on s'en étonner?

Hégésippe Moreau, en entrant dans la vie, avait pourtant rencontré deux familles, on l'a vu, plus que disposées à l'accueillir et presque à l'adopter. Dès son premier pas dans le monde, et hors de son premier cercle, il trouva également de l'appui. M. Lebrun, l'auteur de *Marie Stuart*, et notre confrère à l'Académie, n'est pas né à Provins, mais il en est depuis longues années par les habitudes et par les liens de famille. Poëte dont chacun sait le talent, mais homme dont ceux qui l'ont approché savent seuls toute la noblesse et la délicatesse de cœur, il considérait comme un devoir, lui, arrivé le premier, de tendre la main ceux qui viendraient ensuite, et nous le trouvons également aux débuts d'Hégésippe Moreau et à ceux de Pierre Dupont. Moreau connut M. Lebrun dès 1828; il était alors âgé de dix-huit ans : c'était au moment où Charles X revenait d'un voyage que lui avait fait faire M. de Martignac. Le roi passa par Provins, et, à cette occasion, Moreau fit sa chanson patriotique qui a pour titre : *Vive le roi!* et pour refrain : *Vive la liberté!* J'ai sous les yeux quelques pièces de vers manuscrites adressées, vers cette époque, par le jeune homme à M. Lebrun, ou écrites d'après ses conseils, une pièce notamment en l'honneur de La Fayette, après son voyage triomphal d'Amérique. Moreau vint à cette époque à Paris, et, toujours par les conseils de M. Lebrun, il adressa à M. Didot son *Épître sur l'Imprimerie*, qu'on peut lire dans ses Poésies, et dans laquelle se trouvent quelques jolis vers descriptifs :

> Au lieu de fatiguer la plume vigilante,
> De consumer sans cesse une activité lente
> A reproduire en vain ces écrits fugitifs,
> Abattus dans leur vol par les ans destructifs ;
> Pour donner une forme, un essor aux pensées,
> Des signes voyageurs, sous des mains exercées,

Vont saisir en courant leur place dans un mot;
Sur ce métal uni l'encre passe, et bientôt,
Sortant multiplié de la presse rapide,
Le discours parle aux yeux sur une feuille humide.

Mais la fin de l'Épître est surtout heureuse ; le jeune compositeur s'y montre dévoré souvent du désir d'écrire, de *composer* pour son propre compte, tandis qu'il est obligé d'imprimer les autres.

Hélas ! pourquoi faut-il qu'aveuglant la jeunesse,
Comme tous les plaisirs, l'étude ait son ivresse ?
Les chefs-d'œuvre du goût, par mes soins reproduits,
Ont occupé mes jours, ont enchanté mes nuits,
Et souvent, insensé ! j'ai répandu des larmes,
Semblable au forgeron qui, préparant des armes,
Avide des exploits qu'il ne partage pas,
Siffle un air belliqueux et rêve des combats...

Moreau, à cette date, n'avait que dix-neuf ans. Il fut admis dans l'imprimerie de M. Didot, rue Jacob, justement en face de cet hospice de la Charité, où depuis... — Placé peu de temps après juillet 1830, à la direction de l'Imprimerie royale, M. Lebrun chercha à y introduire Moreau ; mais celui-ci, qui avait quitté l'imprimerie Didot, suivait dès lors une autre voie, et il n'était pas de ceux qui se laissent protéger aisément.

Moreau ressentait vivement les tortures secrètes de cette pauvreté que La Bruyère a si bien peinte, et qui rend l'homme honteux, de peur d'être ridicule. Ainsi, la première fois qu'il avait dû voir M. Lebrun à Provins, il n'avait pas voulu lui faire cette visite parce qu'il avait des *bas bleus*. Il ne se guérit point de cette disposition à Paris, lors même que les privations les plus réelles, les souffrances positives et poignantes vinrent y joindre leur aiguillon.

On me le peint alors déjà atteint par le souffle d'irritation et d'aigreur qui se fait si vite sentir sous les soleils trompeurs de Paris, méfiant, aisément effarouché, en garde surtout contre ce qui eût semblé une protection, ayant le *dédain* et la *peur* de la protection; ne se laissant plus apprivoiser comme il s'était laissé faire à Provins quelques années plus tôt; enfin ayant contracté déjà cette maladie d'amour-propre et de sensibilité qui est celle du siècle, celle de l'aristocratique René aussi bien que du plébéien Oberman ou du mondain Adolphe, celle de Jean-Jacques avant eux tous, comme depuis eux elle l'a été de tant d'autres qui ont eu la même maladie sous des formes et des variétés différentes. Il nous siérait peu, à nous qui parlons, de nous montrer trop sévère, l'ayant ressentie à notre jour et même décrite autrefois dans notre jeunesse. Moreau fut donc malade de ce que j'appellerai la petite vérole courante de son temps ; il fut mécontent, sauvage, ulcéré, évitant ou repoussant ce qui eût été possible, voulant autre chose que ce qui s'offrait à lui, et ne se définissant pas cette *autre chose.* Pauvre, timide et fier, et à vingt ans, on est aisément pour les doctrines ardentes qui promettent le bouleversement du présent et la remise en question de l'avenir, de même qu'à cinquante ans, établi, rassis, ayant épuisé les passions, et raisonnant plus ou moins à son aise sur les vicissitudes diverses, on est naturellement pour un *statu quo* plus sage. Notre sagesse ou notre folie n'est guère en général que le résultat de notre âge et de notre situation. Pour s'élever au-dessus de ces circonstances, en quelque sorte matérielles et physiques, deux choses sont nécessaires, et elles sont rares : du *caractère* et des *principes.* Hégésippe Moreau n'avait ni l'un ni l'autre ; il avait de l'âme et du talent, mais son caractère était faible, comme c'est trop souvent le cas des organisations d'artiste, et les impressions du dehors prenaient fortement et irrésistiblement sur lui. Ses poésies et ses inspirations, du moment qu'elles cessent d'être

1.

intimes, ne sont pour la plupart que le reflet ardent et mélangé, le conflit des divers éclairs qui se croisaient orageusement alors dans l'atmosphère politique.

Après les journées de juillet 1830, auxquelles il avait pris part vaillamment, Moreau quitta pendant un temps l'imprimerie ; il s'était fait maître d'études, mais ce n'était pas une carrière. Il s'accoutuma, durant cette période fatale et fiévreuse de deux ou trois années, à une vie irrégulière, désordonnée, errante, toute d'émotions et de convulsions. Il avait faim, et il composait à travers cela des chants qui se ressentaient de ce cri intérieur, par leur âpreté et leur amertume. Il rêvait au suicide ; il commençait à se détruire. Il eût, en 1833, une première maladie qui le força d'entrer à l'hospice. Convalescent, une bonne pensée le saisit ; il partit pour Provins et alla demander l'hospitalité à madame Guérard, à la ferme de Saint-Martin. Là, aux derniers rayons d'automne, repassant ses douloureux souvenirs, ceux de sa maladie, ceux de l'insurrection et des émeutes, et du choléra, rappelant même ses imprécations de colère, **il se rétractait d'une manière touchante** :

Ainsi je m'égarais à des vœux imprudents,
Et j'attisais de pleurs mes ïambes ardents.

Je haïssais alors, car la souffrance irrite ;
Mais un peu de bonheur m'a converti bien vite.
Pour que son vers clément pardonne au genre humain,
Que faut-il au poëte? Un baiser et du pain.
Dieu ménagea le vent à ma pauvreté nue ;
Mais le siècle d'airain pour d'autres continue...

Et se considérant lui-même comme délivré des soucis à l'approche de l'hiver, il souhaitait à d'autres le même soulagement et la même douceur :

Dieu, révèle-toi bon pour tous comme pour moi !
Que ta manne, en tombant, étouffe le blasphème,
Empêche de souffrir, puisque tu veux qu'on aime ;
Pour qu'à tes fils élus, tes fils déshérités
Ne lancent plus d'en bas des regards irrités,
Aux petits des oiseaux toi qui donnes pâture,
Nourris toutes les faims ; à tout dans la nature
Que ton hiver soit doux ; et, son règne fini,
Le poëte et l'oiseau chanteront : Sois béni !

Deux ans après, le souvenir de cette douce hospitalité lui revenait à la mémoire, et il envoyait pour étrennes (janvier 1836) cette délicieuse romance à celle à qui il avait dû, pour un jour du moins, ses pures et innocentes Charmettes :

LA FERMIÈRE

Amour à la fermière ! elle est
    Si gentille et si douce !
C'est l'oiseau des bois qui se plaît
    Loin du bruit dans la mousse.
Vieux vagabond qui tends la main,
    Enfant pauvre et sans mère,
Puissiez-vous trouver en chemin
    La ferme et la fermière !

De l'escabeau vide au foyer
    Là le pauvre s'empare,
Et le grand bahut de noyer
    Pour lui n'est point avare ;
C'est là qu'un jour je vins m'asseoir,
    Les pieds blancs de poussière ;
Un jour... puis en marche ! et bonsoir
    La ferme et la fermière !

Mon seul beau jour a dû finir,
    Finir dès son aurore ;
Mais pour moi ce doux souvenir
    Est du bonheur encore :
En fermant les yeux je revois
    L'enclos plein de lumière,
La haie en fleur, le petit bois,
    La ferme et la fermière !

Si Dieu, comme notre curé
   Au prône le répète,
Paye un bienfait (même égaré),
   Ah! qu'il songe à ma dette!
Qu'il prodigue au vallon les fleurs,
   La joie à la chaumière!
Et garde des vents et des pleurs
   La ferme et la fermière.

Chaque hiver qu'un groupe d'enfants
   A son fuseau sourie,
Comme les Anges aux fils blancs
   De la Vierge Marie;
Que tous, par la main, pas à pas,
   Guidant un petit frère,
Réjouissent de leurs ébats
   La ferme et la fermière.

ENVOI

Ma Chansonnette, prends ton vol!
   Tu n'es qu'un faible hommage;
Mais qu'en avril le rossignol
   Chante et la dédommage.
Qu'effrayé par ses chants d'amour,
   L'oiseau du cimetière
Longtemps, longtemps se taise pour
   La ferme et la fermière!

Il fallait à Hégésippe Moreau, comme à tous les poëtes doux et faibles, sauvages et timides, tendres et reconnaissants, il lui aurait fallu une femme, une sœur, une mère, qui, mêlée et confondue avec l'amante, l'eût dispensé de tout, hormis de chanter, d'aimer et de rêver.

Cependant, avec la santé qui lui revenait, la nécessité, et aussi le génie ou le démon qui ne pardonne pas, le ressaisirent. C'était le moment du grand succès de Barthélemy, et sa *Némésis* produisait çà et là des imitations et des contrefaçons où il n'entrait guère que des violences. Hégésippe Moreau essaya de faire à Provins une *Némésis* à sa manière, un journal en vers sous le titre de *Diogène*, un vilain patron qu'il avait adopté depuis quelque temps, et que le doux automne passé à Saint-Martin ne lui avait pas fait assez abjurer. Le talent qu'il y montra ne put sauver une telle publication partout très-aventurée, et qui l'était surtout au milieu des rivalités et des susceptibilités d'une petite ville. Il avait eu beau faire appel à toute la contrée de Brie et de Champagne, et s'écrier :

Qu'il me vienne un public! ma poésie est mûre,

le public répondit peu. Le poëte blessa et aliéna ceux même qui l'avait d'abord soutenu. Il eut finalement un duel, et dut s'en revenir bientôt à Paris, désappointé de nouveau et irrité comme après un échec.

De 1834 à 1838, sa vie ne fut qu'une lutte pénible et haletante, où son talent, de plus en plus réel, et qui achevait de se dégager chaque jour, ne put triompher de la dureté des circonstances ni suppléer aux infirmités du caractère[1]. Qu'il suffise de rappeler qu'Hégé-

---

1. Dans tout ce que j'ai touché là du caractère et de la vie intime de Moreau, j'ai été guidé de la manière la plus sûre par des lettres, par des renseignements directs provenant des personnes qui l'ont le mieux connu. Ces documents qui ont servi à mon ami, M. Octave Lacroix, dans son édition d'Hégésippe Moreau, m'ont été communiqués à moi-même : je n'en ai fait usage qu'avec pudeur et discrétion. Les personnes de Provins qui ont le plus connu et le mieux aimé Moreau de son vivant ont paru me savoir gré de ce sentiment à la fois de réserve et de sympathie. J'ai donc été un peu surpris (si jamais ce qui est peu raisonnable pouvait surprendre) de lire dans la *Feuille de Provins*, du 7 juin 1851, un article de Mme C. Angebert, dans lequel cette personne à principes et à sentiments me reproche d'avoir fait tort à Moreau dans mon appréciation morale tout indulgente. Elle continue de vouloir faire de Moreau l'homme d'une cause politique. Si Mme Angebert tient plus à la vérité qu'à la fausse exaltation, elle peut aisément s'informer à son tour auprès des personnes de Provins qui nous ont le mieux initié à la connaissance de ce touchant mais trop faible caractère; elle peut, par exemple, demander à Mme Guérard communication des lettres de Moreau écrites en janvier 1834, et elle verra qu'il faut se résoudre, quand on a le sens juste et bienveillant, à ne voir dans le chantre de la Voulzie qu'un poëte.

sippe Moreau, au moment où il venait de trouver un éditeur pour ses vers, et où le *Myosotis*, publié avec luxe (1838) et déjà loué dans les journaux, allait lui faire une réputation, entrait sans ressource à l'hospice de la Charité et y mourait le 20 décembre 1838, renouvelant l'exemple lamentable de Gilbert et faisant un pendant trop fidèle au drame émouvant de *Chatterton*, dont l'impression était encore toute vive sur la jeunesse. Il n'avait pas vingt-neuf ans.

Si l'on considère aujourd'hui le talent et les poésies d'Hégésippe Moreau de sang-froid et sans autre préoccupation que celle de l'art et de la vérité, voici ce qu'on trouvera, ce me semble. Moreau est un poëte; il l'est par le cœur, par l'imagination, par le style : mais chez lui rien de tout cela, lorsqu'il mourut, n'était tout à fait achevé et accompli. Ces trois parties essentielles du poëte n'étaient pas arrivées à une pleine et entière fusion. Il allait, selon toute probabilité, s'il avait vécu, devenir un maître, mais il ne l'était pas encore. Trois imitations chez lui sont visibles et se font sentir tour à tour : celle d'André Chénier dans les ïambes, celle surtout de Barthélemy dans la satire et celle de Béranger dans la chanson. Dans ce dernier genre pourtant, quoiqu'il rappelle Béranger, Moreau a un caractère à lui, bien naturel, bien franc et bien poétique; il a du drame, de la gaieté, de l'espièglerie, un peu libertine parfois, mais si vive et si légère qu'on la lui passe. Qu'on relise *le Joli Costume, les Modistes hospitalières*. Une des pièces sérieuses qui me semblent le plus propre à démontrer ses qualités et ses défauts est celle qui a pour titre : *Un quart d'heure de dévotion*. Le poëte, qui s'est vanté d'être un *païen de l'Attique* avec André Chénier et avec Vergniaud, qui a été trop souvent impie, irrévérent jusqu'à l'insulte, a un bon retour pourtant. Un jour de tristesse, un soir, il est entré dans l'église de Saint-Étienne-du-Mont. Il n'y entrait que par désœuvrement d'abord, pour regarder et admirer comme d'autres curieux les merveilles d'architecture élégante et fine qu'offre cette église :

Et la rougeur au front je l'avoûrai moi-même...,
Dans le temple au hasard j'aventurais mes pas,
Et j'effleurais l'autel et je ne priais pas.

Mais insensiblement il se rappelle le temps où, dans sa première enfance, il priait, et où il servait même le prêtre à l'autel :

Autrefois pour prier, mes lèvres enfantines
D'elles-mêmes s'ouvraient aux syllabes latines,

> Et j'allais aux grands jours, blanc lévite du chœur,
> Répandre devant Dieu ma corbeille et mon cœur.
> Mais depuis. . . . .

et il énumère toutes les manières diverses d'égarements et de chutes parmi lesquelles il a eu la sienne :

> Combien de jeunes cœurs que le doute rongea !
> Combien de jeunes fronts qu'il sillonne déjà !
> Le doute aussi m'accable, hélas ! et j'y succombe :
> Mon âme fatiguée est comme la colombe
> Sur le flot du désert égarant son essor ;
> Et l'olivier sauveur ne fleurit pas encor...
>
> Ces mille souvenirs couraient dans ma mémoire,
> Et je balbutiai : « Seigneur, faites-moi croire ! »
> Quand soudain sur mon front passa ce vent glacé
> Qui sur le front de Job autrefois a passé.
> Le vent d'hiver pleura sous le parvis sonore,
> Et soudain je sentis que je gardais encore
> Dans le fond de mon cœur, de moi-même ignoré,
> Un peu de vieille foi, parfum évaporé.

Sous cette impression intérieure, sous le rayon de cette ferveur retrouvée, le poëte, agenouillé devant le tombeau de Racine (qui se trouve dans cette église), fait un vœu. Ce vœu, ce n'est pas d'aller à Jérusalem en pèlerin, mais c'est d'y aller en idée et en poésie, c'est de retracer à sa manière, en une suite de chants, quelques-uns des sujets saints, à peu près, j'imagine, comme M. Victor de Laprade l'a pu faire depuis dans ses Poëmes évangéliques. Et réfléchissant avec humilité à l'étincelle qui peut jaillir sur les âmes de cette œuvre modestement accomplie, le poëte se rappelle et s'applique un fabliau charmant que son aïeule bretonne, dit-il, lui a souvent raconté. Or ce fabliau le voici : Un jour, Dieu permit, dans ses desseins, que l'élément de vie, le feu, se retirât tout à coup de l'air, et vînt à manquer à la nature. Grand effroi soudain parmi les oiseaux. Tous s'effrayent, se consternent ou s'effarent. Les vautours en deviennent plus méchants de terreur, et s'entre-battent de plus belle. Le rossignol se décourage, et, ayant chanté sa dernière chanson, il cache sa tête dans son nid. L'aigle lui-même, habitué à porter la foudre, la laisse s'éteindre cette fois et s'échapper. Dans cette agonie universelle, il n'y eut qu'un seul oiseau, le plus petit, le plus humble de tous, le roitelet, qui ne se découragea point, et qui voltigea tant et si bien, qu'il alla jusqu'au haut des cieux ressaisir l'étincelle pour la rapporter au monde. Mais il fut consumé en la lui rendant.

On sent tout ce qu'une telle pièce a d'élevé, de poétique et de touchant; que lui manque-t-il donc pour être un chef-d'œuvre? Il lui manque la pureté et le goût dans le style. Dès l'abord le poëte nous montre le curieux, l'amateur artiste, qui entre à Saint-Étienne regardant et admirant les sculptures et les tableaux :

Époussetant de l'œil chaque peinture usée.

Ailleurs il parlera du livre des Évangiles :

Page de vérité qu'à sa ligne dernière
Le Golgotha tremblant *sabla* de sa poussière.

C'est ainsi que dans une autre pièce, représentant l'entrée du Tasse à Rome au milieu d'une pluie de couronnes et de fleurs, il dira :

Le pauvre fou sentit, dans la ville papale,
Une *douche* de fleurs inonder son front pâle.

Épousseter, sabler, douche de fleurs; voilà le détestable style moderne, le style matériel, prétentieux et grossier, que certes on ne s'aviserait jamais d'aller chercher si près du tombeau de Racine, et qui, j'ose le dire, n'aurait jamais dû entacher non plus et charger le berceau de notre École romantique, telle du moins que je l'ai toujours conçue. Oui, l'on pouvait se montrer plus voisin de la nature encore, de la réalité simple, modeste et sensible, que ne l'avaient été nos illustres poëtes classiques, sans tomber pour cela dans ce style lourd, plaqué et technique qui prévaut presque partout aujourd'hui. Hégésippe Moreau a eu le tort d'y trop sacrifier en commençant, et il n'a pas vécu assez pour s'en débarrasser et s'en affranchir.

On nous assure pourtant qu'il était tout à fait revenu, vers la fin, de l'illusion que lui avaient faite certains poëtes ou rimeurs matériels et mécaniques, et plutôt robustes que réellement puissants.

Une de ses pièces irréprochables, et qu'on aime toujours à citer, est son Élégie à la Voulzie, jolie rivière ou ruisseau du pays où il était venu passer son enfance,

>Bluet éclos parmi les roses de Provins.

On n'aurait point parlé convenablement de Moreau, si l'on ne rappelait chaque fois à son sujet ses vers délicieux, où il a comme rafraîchi son talent et son âme

>S'il est un nom bien doux, fait pour la poésie,
>Oh! dites, n'est-ce pas le nom de la Voulzie?
>La Voulzie, est-ce un fleuve aux grandes îles? Non;
>Mais, avec un murmure aussi doux que son nom,

> Un tout petit ruisseau coulant visible à peine ;
> Un géant altéré le boirait d'une haleine ;
> Le nain vert Obéron, jouant au bord des flots,
> Sauterait par-dessus sans mouiller ses grelots.
> Mais j'aime la Voulzie et ses bois noirs de mûres,
> Et dans son lit de fleurs ses bonds et ses murmures.
> Enfant, j'ai bien souvent, à l'ombre des buissons,
> Dans le langage humain traduit ces vagues sons ;
> Pauvre écolier rêveur et qu'on disait sauvage,
> Quand j'émiettais mon pain à l'oiseau du rivage,
> L'onde semblait me dire : « Espère ! aux mauvais jours,
> Dieu te rendra ton pain. » — Dieu me le doit toujours !

Et rappelant tous ses malheurs, ses pertes douloureuses, tous ses mécomptes et même ses colères, il ajoute dans un sentiment attendri et qu'on lui voudrait plus habituel :

> Pourtant je te pardonne, ô ma Voulzie ! et même,
> Triste, j'ai tant besoin d'un confident qui m'aime,
> Me parle avec douceur et me trompe, qu'avant
> De clore au jour mes yeux battus d'un si long vent,
> Je veux faire à tes bords un saint pèlerinage,
> Revoir tous les buissons si chers à mon jeune âge,
> Dormir encor au bruit de tes roseaux chanteurs,
> Et causer d'avenir avec tes flots menteurs.

Si Moreau a pardonné à la Voulzie, ces charmants vers font aussi qu'on pardonne beaucoup à Moreau. On jette un voile sur ses faiblesses et sur ses erreurs ; on voudrait abolir toute trace des quelques taches affligeantes de sa muse. Lui-même, dans une pièce *A mon Ame*, l'exhortant à s'envoler vers les cieux, et à laisser ce corps qu'il a trop souillé, il lui dit :

> Fuis, Ame blanche, un corps malade et nu ;
> Fuis en chantant vers le monde inconnu !
> Fuis sans trembler : veuf d'une sainte amie,
> Quand du plaisir j'ai senti le besoin,
> De mes erreurs, toi, Colombe endormie,
> Tu n'as été complice ni témoin.
> Ne trouvant pas la manne qu'elle implore,
> Ma faim mordit la poussière (insensé !) ;
> Mais toi, mon Ame, à Dieu, ton fiancé,
> Tu peux demain te dire vierge encore !

On voit que Moreau renouvelle en un point la doctrine indulgente de certains mystiques, qui ne font point l'âme responsable et complice des absences et des distractions du corps. Je ne prétends pas donner cela pour de la théologie exacte, mais pour de la poésie charmante.

Les Contes en prose d'Hégésippe Moreau sont tout à fait purs et irréprochables ; ils pourraient même se détacher du reste des Œuvres et se vendre en un fascicule à part pour se donner à lire aux jeunes personnes et aux enfants. On y voit à nu le fond de son âme et de son imagination aux heures riantes et aux saisons heureuses. Tel il était auprès de sa *sœur*, à seize ans, avant d'avoir laissé introduire dans son âme rien d'amer ni d'insultant. *Conter* chez lui n'était pas une moindre vocation que de chanter :

> Je préfère un conte en novembre
> Au doux murmure du printemps.

La pitié, le sentiment fraternel porté jusqu'au culte, la compassion féminine la plus exquise, respirent dans le *Gui de chêne*. La faiblesse tendre qui a besoin d'appui, la souffrance et le martyre d'un être délicat, se retrouvent mêlés à de l'espièglerie et à de la lutinerie gracieuse dans la *Souris blanche;* c'est le plus joli conte de fées et le plus attendrissant; c'est moins naïf que Perrault, mais aussi aimable, aussi léger, et cela ne se peut lire jusqu'à la fin sans une larme dans un sourire. Que dites-vous de cette *Fée des Pleurs*, la consolatrice des affligés qui voltige plutôt qu'elle ne marche sur la pointe des gazons et des fleurs ? « Elle avait adopté cette allure, de peur, disait-elle à ceux qui s'en étonnaient, de mouiller ses brodequins dans la rosée, mais, en effet, parce qu'elle craignait d'écraser ou de blesser par mégarde la cigale qui chante dans le sillon, et le lézard qui frétille au soleil ; car elle était si prodigue de soins et d'amour, la bonne fée ! qu'elle en répandait sur les plus humbles créatures de Dieu. « Tel nous apparaît Moreau avant la politique, avant la misère extrême, avant l'aigreur ; tel il se retrouva sans doute à l'heure expirante et aux approches du grand moment qui élève les belles âmes et les pacifie. On devine, en lisant ces jolis récits et celui des *Petits Souliers*, et celui même de *Thérèse Sureau*, à voir cette imagination, cette gaieté, cette invention de détail, combien il devait être charmant quand il osait être familier, et qu'il consentait à être heureux.

SAINTE-BEUVE.

VIVE LE ROI

Vive le roi !... Comme les faux prophètes
L'ont enivré de ce souhait trompeur !
Comme on a vu grimacer à ses fêtes
La Vanité, l'Intérêt et la Peur !
Au bruit de l'or et des croix qu'on ramasse,
Devant le char tout s'est précipité ;
Et seul, debout, je murmure à voix basse :
    Vive la liberté !

Vive le roi ! Quand des mages serviles
D'un Dieu mortel flattaient ainsi l'orgueil,
Un autre cri, tombant des Thermopyles,
Vint tout à coup changer leur fête en deuil.
De l'Archipel aux rives du Bosphore,
Après mille ans, l'écho l'a répété,
Et la victoire a pour devise encore :
    Vive la liberté !

Vive le roi! de nos vieilles tourelles
Ce cri souvent ébranla les arceaux,
Quand les seigneurs faisaient pour leurs querelles,
Au nom du prince, égorger les vassaux.
Dans ces débris, où leur ombre guerrière
Agite encor son glaive ensanglanté,
Le voyageur écrit sur la poussière :
  Vive la liberté!

Vive le roi! La voix de la vengeance
Se perd toujours au bruit de ce refrain;
Pour endormir son éternelle enfance,
Voilà comment on berce un souverain;
Mais quand la foudre éclate et le réveille,
Seul, sans flatteurs, le prince épouvanté
Entend ces mots gronder à son oreille :
  Vive la liberté!

Provins, 1828.

BÉRANGER

La Liberté chez nous se réfugie ;
Joyeux buveurs, à table et loin du jour,
Que Béranger, pour terminer l'orgie,
De ses refrains nous enivre à son tour.
Chargé de gloire et d'injures nouvelles,
Des bras d'un peuple il tombe dans les fers ;
Il est captif, mais sa muse a des ailes :
Tout bas, tout bas, amis, chantons ses vers !

Quand tour à tour, au pied de nos trophées,
Les rois tombaient, implorant leur pardon,
De son berceau, que balançaient les fées,
Il s'élança, réveillé par un nom...
Ce nom sacré, qu'il n'a pu désapprendre,
Est maintenant proscrit dans l'univers ;
Béranger seul ose le faire entendre :
Tout bas, tout bas, amis, chantons ses vers !

Frondant l'abus de la victoire même,
Au roi des rois il n'a sacrifié

Que sur sa tombe, et quand du diadème
Par le malheur il fut purifié.
Le vieux soldat, dont il sèche les larmes,
Brûlant encor de souvenirs bien chers,
Semble écouter si l'on appelle aux armes :
Tout bas, tout bas, amis, chantons ses vers!

Qu'ai-je osé dire? Ah! je sens que ma muse,
Rebelle aussi, déraisonne en buvant :
Comme le vin, qui sera mon excuse,
La poésie enivre bien souvent;
Mais aujourd'hui, quand Thémis au poëte
Fait expier des sarcasmes amers,
Pour les venger, la France les répète :
Tout bas, tout bas, amis, chantons ses vers!

On l'a frappé dans sa noble misère;
Il faut de l'or, et je n'ai que des pleurs :
Jeune soldat, quêtant pour Bélisaire,
Ma voix du moins attendrira les cœurs.
Qui ne voudrait, bravant la tyrannie,
Payer sa gloire au prix de ses revers?
Enflammons-nous aux rayons du génie :
Tout bas, tout bas, amis, chantons ses vers!

1828.

ÉPITRE A M. FIRMIN DIDOT

SUR L'IMPRIMERIE

Quand les muses, pleurant la gloire de la France,
Avec des souvenirs lui rendent l'espérance,
Poëte et citoyen, de quel œil peux-tu voir
Une ligue hypocrite alarmer le pouvoir,
Et, frappant au guichet de Sainte-Pélagie,
Tantôt pour la chanson, tantôt pour l'élégie,
Avec le fer des lois poursuivre sans repos
Un art dont la lumière a trahi ses complots?
Mais de l'opinion, souveraine immortelle,
Il éclaire les pas, il triomphe avec elle,
Et le pontife-roi, fulminant un édit,
En vain sur leur empire a lancé l'interdit.
Ils ne sont plus ces temps où la sainte parole
Tonnait et foudroyait du haut du Capitole;
Où la raison timide, en butte aux oppresseurs,
Dans l'exil ou les fers suivait ses défenseurs,

Et, comme leurs écrits, aux pieds du saint office
Les voyait quelquefois brûler en sacrifice.
Zélateurs du passé, qui vers cet âge d'or
Prétendez aujourd'hui nous repousser encor,
N'avez vous donc jamais déroulé ses annales?
Elles offrent à peine, à de longs intervalles,
Au lecteur, fatigué de tableaux odieux,
Quelques pages de gloire où reposer ses yeux.
Comme le diamant perdu dans la poussière,
Qui n'attend pour briller qu'un rayon de lumière,
Que de talents alors méconnus, avilis,
Dans un cercueil obscur tombaient ensevelis!
Un Voltaire, un Rousseau, sous le chaume champêtre,
Ignorés de leur siècle, et d'eux-mêmes peut-être,
Expiraient tout entiers : l'étude au feu divin,
Qui, captif dans leur âme, y bouillonnait en vain,
Pour éclairer le monde eût ouvert un passage,
L'étude... Mais, hélas! de ce trésor du sage
Les peuples malheureux ne sachant pas jouir
A l'ombre des autels le laissaient enfouir.
Ces transfuges légers de Grèce et d'Ausonie,
Ces livres, où les dieux du goût et du génie
Traçaient pour l'avenir leurs oracles sacrés,
Voltigeaient au hasard, dispersés, déchirés,
Semblables dans leur suite aux réponses qu'envoie

La Sibylle de Cume à l'exilé de Troie.
Un peuple envahissant, l'incendie à la main,
Foule aux pieds les débris du colosse romain,
Et le vent du désert sur l'Europe tremblante
Souffle, pour l'engloutir, sa poussière brûlante.
Déjà tout s'obscurcit : mais lorsque, avec effroi,
Ramenant du passé mes yeux autour de moi,
Je cherche les fléaux qu'il semblait nous prédire,
Quel contraste ! partout le Fanatisme expire ;
A la voix de la gloire et de la liberté,
Un autre enthousiasme a partout éclaté,
Plus fécond en exploits que cette frénésie
Dont l'Europe chrétienne épouvantait l'Asie,
Terrible, mais laissant aux peuples satisfaits
Après un jour d'effroi, des siècles de bienfaits.
Qui donc précipita ce mouvement rapide,
Et comme les Hébreux, quand tout marchait sans guide,
Quel nuage de flamme éclaira par degrés
Une route inconnue aux peuples égarés ?
Honneur à Gutenberg ! et puisse d'âge en d'âge
Son nom vivre et grandir ainsi que son ouvrage !
Honneur à toi, Mayence ! il a dans tes remparts
Découvert l'art magique utile à tous les arts.
Au lieu de fatiguer la plume vigilante,
De consumer sans cesse une activité lente

A reproduire en vain ces écrits fugitifs,
Abattus dans leur vol par les ans destructifs,
Pour donner une forme, un essor aux pensées,
Des signes voyageurs, sous des mains exercées,
Vont saisir en courant leur place dans un mot ;
Sur ce métal uni, l'encre passe, et bientôt,
Sortant multiplié de la presse rapide,
Le discours parle aux yeux sur une feuille humide.
O vous, que dépouillaient des vainqueurs insolents,
Muses ! ne craignez plus que vos trésors brûlants
Éclairent leur triomphe, ou que la tyrannie
Dans la prison d'un sage enferme le génie,
Ou que sur un bûcher elle étouffe sa voix :
Bravant la faux du temps et le sceptre des rois,
L'œuvre de la pensée est rapide comme elle,
Comme elle insaisissable, et comme elle immortelle.
Sans peine, l'univers s'unira bien souvent
Aux rêves du poëte, aux veilles du savant.
Le génie en courroux, qui, dans un beau délire,
Contre les oppresseurs fait révolter la lyre,
Croit voir autour de lui le monde s'assembler.
Le peuple s'émouvoir et les tyrans trembler ;
Ainsi, lorsque la Grèce, ivre de chants épiques,
A grands flots se pressait aux fêtes olympiques,
Agités par les sons du luth national,

Tous les cœurs palpitaient d'un mouvement égal,
Tous les cris menaçaient la puissance usurpée,
Tous les bras étendus imploraient une épée.
Les peuples aveuglés, frappés par le pouvoir,
Qui traînaient dans la nuit leurs chaînes sans les voir,
Se relèvent enfin, se parlent, se répondent;
Puis, comme les douleurs, les plaintes se confondent,
Et ne forment bientôt qu'un seul cri menaçant :
Liberté! — Si ce nom fut souillé par le sang,
S'il fut un cri de mort contre le diadème,
La gloire, la vertu... c'est que le peuple même
Des fers du despotisme armait la liberté,
Et, successeur des rois, comme eux était flatté;
C'est qu'aux pieds des bourreaux la presse, encor muette,
N'osait à la douleur offrir un interprète.
Mais, terrible et fécond, l'orage s'est enfui,
Le ciel s'est épuré; c'est en vain qu'aujourd'hui
D'une époque sanglante on rouvre les abîmes,
Et que pour argument on soulève des crimes;
Liberté, c'est en vain qu'on cherche à te flétrir!
Tu ne peux maintenant t'égarer ni mourir.
Nul abus ne pourra grandir dans le silence;
Contre le despotisme et contre la licence
Les partis font tonner leur courroux éloquent,
Et la lumière entre eux jaillit d'un choc fréquent.

Ainsi la vérité, faible solliciteuse,
Qui, comme la prière, à la cour est boiteuse,
Moins timide et moins lente, osera quelquefois
A travers leur conseil se glisser jusqu'aux rois.
Ils entendront les cris de la douleur plaintive;
La gloire poursuivra la vertu fugitive,
Et, quand même Thémis oublîrait de frapper,
Les forfaits au carcan ne pourront échapper.
Chaque jour, un essaim d'écrits périodiques,
Innombrables hérauts des combats politiques,
Signalant les dangers, vole à l'appui des lois
Rallier tous les cœurs, armer toutes les voix.
Le jeune citoyen, que cet écho réveille,
S'enflamme chaque jour aux débats de la veille,
Et peut-être, embrassant un avenir flatteur,
Du temps qui le vieillit accuse la lenteur,
Souffre de tous les maux de la patrie esclave,
Et rêve en contemplant le buste de Barnave.
Avec un autre siècle ils ont fui pour toujours,
Ces héros de scandale honorés dans les cours,
Qui, d'un nom glorieux subissant l'ironie,
Savaient au plaisir seul sacrifier leur vie.
Le Français, jeune encore, échappant au repos,
Verse, pour l'ennoblir, son sang sous les drapeaux,
Et lorsque avec la paix les muses consolantes

Viennent jeter des fleurs sur des palmes sanglantes,
Tantôt associant l'étude à ses plaisirs,
Des jeux de Melpomène il charme ses loisirs;
Tantôt, ivre d'espoir, à la tribune il vole
D'une bouche éloquente épier la parole;
Tantôt, dans un convoi, suivant la gloire en deuil,
Il dispute l'honneur de porter un cercueil.

Qu'on tremble d'étouffer ces flammes généreuses!
C'est en les irritant qu'on les rend dangereuses.
En vain le despotisme, armé du fer des lois,
Commandait le silence à la presse aux cent voix,
Éteignant les fanaux sur le bord de l'abîme,
De son triomphe même il fût tombé victime;
Et, s'il faut d'un exemple appuyer mes discours,
Voyez de l'Orient les peuples et les cours :
Au lit du souverain, là, le sabre qui veille
D'un murmure indiscret préserve son oreille;
Inaccessible même à la voix du remord,
Au sein des voluptés il se plonge et s'endort.
Il dort... mais tout à coup la révolte hardie
Dans son palais en feu gronde avec l'incendie;
Lui-même tombe aux pieds de ce peuple rampant,
Et l'orage imprévu l'éclaire en le frappant.
Contre les attentats d'une aveugle puissance

Déjà que de douleurs se soulevaient en France!
Menacés par les lois, que d'artisans obscurs
S'entretenaient tout bas de leurs destins futurs,
Et, loin de la patrie esclave et désolée,
Se choisissaient d'avance une tombe exilée!
Jeune encore et tremblant pour l'art qui m'a nourri,
Moi, j'ai pleuré comme eux, et comme eux j'ai souri,
Lorsque de nos cités, à la douleur en proie,
S'élevèrent des feux et des concerts de joie.
Non, sur des bords lointains il ne faudra jamais
Devant ses ennemis rougir du nom français,
Et, dans l'état obscur où le ciel nous fit naître,
Notre sort coulera paisible, heureux peut-être!
Quand l'art hospitalier nous laisse des loisirs,
Ainsi qu'à nos besoins, il veille à nos plaisirs.
Et qui donc n'a jamais puisé dans la lecture
Un oubli consolant, une volupté pure?
Les livres, autrefois vendus au poids de l'or,
Dont l'avare opulence amassait le trésor,
Des cloîtres, des palais secouant la poussière,
Se sont enfin glissés jusque dans la chaumière;
Pénates vigilants, en tous lieux aujourd'hui
Ils bercent les douleurs et dissipent l'ennui;
Souvent ils sont fêtés même par l'ignorance.
Notre cœur languit-il en deuil d'une espérance,

LE MYOSOTIS

Détrompé d'amitié, désenchanté d'amour,
Walter Scott à nos yeux fait passer tour à tour
Les brigands féodaux qui couraient, pleins de zèle,
Purifier leurs mains dans le sang infidèle,
Ou ses gais bohémiens, ou ses chefs belliqueux,
Et des temps, des climats aussi bizarres qu'eux.
Le lecteur, franchissant l'espace des années,
Vit de leurs passions et de leurs destinées,
Et de ces grands malheurs, qu'il essaye un moment,
Vers les siens plus légers il revole gaîment.
Hélas! pourquoi faut-il qu'aveuglant la jeunesse,
Comme tous les plaisirs, l'étude ait son ivresse?
Les chefs-d'œuvre du goût, par mes soins reproduits,
Ont occupé mes jours, ont enchanté mes nuits,
Et souvent, insensé! j'ai répandu des larmes :
Semblable au forgeron qui, préparant des armes,
Avide des exploits qu'il ne partage pas,
Siffle un air belliqueux et rêve des combats...

1820.

DIOGÈNE

FANTAISIE POÉTIQUE[1]

PRÉFACE DE L'AUTEUR

Du fond de son tonneau, tribune populaire,
Il exhalait sans peur sa maligne colère ;
La censure pour lui n'avait pas de bâillons,
Le glaive de la loi respectait ses haillons.
Au passant, dont l'aumône était sa nourriture,
En revanche il jetait quelque sot en pâture ;
Pour enivrer le peuple et consoler ses maux,
Comme un vin pur, sa tonne épanchait les bons mots.
Puis, son front soucieux, ridé par la satire,
Aux phalènes d'amour que sa lanterne attire

---

[1]. Cette pièce et toutes celles qui suivent, jusqu'aux *Modistes hospitalières* exclusivement, composent la collection entière de DIOGÈNE, qui fut publiée en 1833.

Souriait, et, narguant ses rivaux ébahis,
Il frottait sa laideur aux charmes de Laïs...

Quand l'usage, absolu, règne par ordonnances,
Et que tout se nivelle au joug des convenances,
Malheur à l'imprudent qui s'égare d'un pas
Hors du cercle banal qu'a tracé le compas!
Devant des gueux, dorés de titres et de grades,
S'il ose effrontément huer leurs mascarades,
La foule du lépreux s'écarte avec effroi :
C'est un cynique: — Eh bien! je suis cynique, moi!
Et, pour doter Provins d'une muse indigène,
J'ose la baptiser du nom de Diogène!
Oui, ce droit m'appartient, moi qui roule à tous vents,
Comme lui son tonneau, mes pénates mouvants;
Moi qui, persécuté de visiteurs sans nombre,
Impatient enfin de grelotter à l'ombre,
Quand ils me promettaient assistance et conseil,
N'ai répondu qu'un mot : Gare de mon soleil!
Pour être, jeune encor, vieux au métier de sage,
Il m'a fallu subir un rude apprentissage.
Comme Barthélemy, rapsode marseillais,
Dont la voix m'a troublé lorsque je sommeillais,
Dans la brise soufflant de la Grèce ou de Rome,
Je n'ai point respiré de poétique arome,

Et, né loin du Midi, je n'eus pas même, enfant,
A défaut de soleil, un foyer réchauffant.
Un ogre, ayant flairé la chair qui vient de naître,
M'emporta vagissant, dans sa robe de prêtre,
Et je grandis, captif, parmi ces écoliers,
Noirs frelons que Montrouge essaime par milliers,
Stupides icoglans, que chaque diocèse
Nourrit pour les pachas de l'Église française.
Je suais à traîner les plis du noir manteau ;
Le camail me brûlait comme un *san-benito* ;
Regrettant mon enfance et ma libre misère,
J'égrenais dans l'ennui mes jours, comme un rosaire.
Oh ! quand les peupliers, long rideau du dortoir,
Par la fenêtre ouverte à la brise du soir,
Comme un store mouvant rafraîchissaient ma couche,
Je croyais m'éveiller au souffle d'une bouche ;
Devant le crucifix et le saint bénitier,
Profane ! j'enviais le sort d'Alain Chartier !
Et quand le mois de mai, pour la reine des vierges,
Faisait neiger les lis et rayonner les cierges,
Priant avec amour l'idole au doux souris,
Je convoitais un ciel parfumé de houris.
Dans la forêt de pins, grand orgue qui soupire,
Parfois comme un oracle interrogeant Shakspeare,
Je l'ouvrais au hasard, et, quand mon œil tombait

Sur la prédiction d'Iphictone à Macbeth,
Berçant de rêves d'or ma jeunesse orpheline,
Il me semblait ouïr une voix sibylline
Qui murmurait aussi : « L'avenir est à toi;
La Poésie est reine; enfant, tu seras roi! »
Vains présages, hélas! ma muse voyageuse
A tenté, sur leur foi, cette mer orageuse
Où, comme Adamastor debout sur un écueil,
Le spectre de Gilbert plane sur un cercueil.
J'ai visité Paris; Paris, sol plus aride
Au malheur suppliant que les rocs de Tauride;
Où l'air manque aux aiglons méditant leur essor;
Où les jeunes talents, cahotés par le sort,
Trébuchant à la fin, de secousse en secousse,
Contre la fosse ouverte où disparut Escousse,
N'ont plus, en s'abordant, qu'un salut à s'offrir,
Le salut monacal : Frères, il faut mourir!
Mon doux pays, alors, me souriait en rêves,
Comme à Jean-Jacque enfant son beau lac et ses grèves;
Je revoyais Provins et ses coteaux aimés,
De tant de souvenirs, de tant de fleurs semés;
Son dôme occidental, dont chaque soir le faîte
S'illumine au soleil comme pour une fête;
Sa tour, dont le lichen crevasse le granit,
Où la guerre tonnait, où l'oiseau fait son nid :

Géants contemporains qui, le front dans la nue,
Se parlent tête à tête une langue inconnue;
Médailles des césars ou des rois, Sphynx jumeaux,
Qui jettent aux passants des énigmes sans mots...

Pour semer de mes vers un sol vivace en friche,
J'ai choisi Seine-et-Marne, et mon domaine est riche :
C'est Meaux, d'où les éclairs de l'aigle gallican
Effrayaient le hibou qui règne au Vatican;
Provins, docte ruine où l'histoire s'épelle;
La cité d'Amyot, veuve de Lachapelle;
Fontainebleau, qui dort à l'ombre de ses bois,
Où ne résonnent plus le cor et les abois,
Et montre avec orgueil, dans ses cours féodales,
Le pied de l'empereur imprimé sur les dalles.

Sur les partis heurtés j'aurai les yeux ouverts,
Et leur choc trouvera de l'écho dans mes vers.
La marotte n'est pas mon attribut unique :
Je mentirai souvent à mon titre cynique;
Souvent j'exhumerai quelque vieux fabliau;
Mon journal poétique, au dernier folio,
Pour le lecteur suant d'une longue tirade,
Sèmera des couplets, en guise de charade;
Mais, épique ou badin, mon vers précipité

Chantera toujours Dieu, l'Amour, la Liberté !

La Liberté surtout ! ce nom plein d'harmonie
Sur mes lèvres de feu n'est pas une ironie ;
Car je l'ai confessé, non tout bas, à huis clos,
Dans les refrains qu'on jette à des murs sans échos ;
Non comme l'orateur du banquet populaire,
Dont la flamme du punch attise la colère ;
Comme un bouffon de club dans ses parades, non !
Mais les pieds dans le sang, en face du canon,
Quand une diète armée, en trois jours de séance,
Sous les poignards d'un roi votait sa déchéance ;
Quand, pour sauver l'État et changer son destin,
Des balles remplaçaient les boules du scrutin,
Et que, de tous côtés, les villes du royaume
Envoyaient des élus à ce grand Jeu de paume.
Pour mes concitoyens j'opinais sans mandat,
Et Provins eut aussi son député-soldat.

Pour glaner des sujets, si nos temps sont arides,
Ma muse fouillera dans les éphémérides ;
Sur chaque anniversaire ou de joie ou de deuil,
Je trouverai le temps de glisser un coup d'œil ;
Quand sur nos boulevards le vent d'automne pleure,
Je veux y méditer une élégie, à l'heure,

A l'heure même où, purs de crainte et de remord,
Les Girondins martyrs chantaient leur chant de mort;
Et, sans doute, le mien remûra l'auditoire,
Car notre nom se mêle à leur funèbre histoire :
C'est parmi nos aïeux, c'est à notre foyer,
Que le bourreau jaloux redemanda Boyer!

J'ai médité longtemps ces noms que je murmure;
Qu'il me vienne un public : ma poésie est mûre.
Prêtez-moi donc secours, habitants riverains
Du sol qu'ont baptisé les deux fleuves parrains;
Souffrirons-nous toujours que le proverbe rie
Des talents champenois comme des vins de Brie?
Diogène aux railleurs porte un défi mortel :
Frères, j'attends vos noms pour signer le cartel.

1833.

L'ABEILLE

Comme l'abeille fugitive
Qui fait son miel en voyageant;

LE MYOSOTIS

Le chansonnier de rive en rive
Va bourdonnant et voltigeant;
Comme elle, du myrte à la treille,
Il recommence vingt détours :
Vole, vole, petite abeille,
Vole, vole, vole toujours.

Hélas! je rampais, demi-nue,
Sans ailes d'or, sans aiguillon,
Quand tout mon essaim vers la nue
S'envola dans un tourbillon;
Mais Dieu me sourit, Dieu qui veille
Sur un insecte sans secours,
Me dit : « Vole, petite abeille,
» Vole, vole, vole toujours.

» Loin des tourbillons de poussière
» Que font les grands et leurs laquais,
» Dans la mansarde ou la chaumière
» Murmure à de joyeux banquets;
» Mais en fuyant, pique à l'oreille
» Les Midas qui peuplent les cours :
» Vole, vole, petite abeille,
» Vole, vole, vole toujours.

» Oui, garde bien, pauvre orpheline,
» Un dard caché pour les méchants;
» Mais si quelque vierge enfantine
» Cueille des bluets dans les champs,
» Va bourdonner dans sa corbeille,
» Et fais-la rêver aux amours :
» Vole, vole, petite abeille,
» Vole, vole, vole toujours.

» Mon souffle a reverdi la terre,
» Teinte du sang des oppresseurs;
» Longtemps l'éclat du cimeterre
» Sur l'Hymette effraya tes sœurs;
» Mais à la Grèce qui s'éveille,
» La Liberté rend ses beaux jours.
» Vole, vole, petite abeille,
» Vole, vole, vole toujours. »

Moi, dans les paroles divines
Je me confie, et sans savoir
Si sur des fleurs ou des épines
Il faudra m'endormir le soir;
Quand vient la brise, je sommeille,
Et je m'abandonne à son cours :

Vole, vole, petite abeille,
Vole, vole, vole toujours.

1828.

LE PARTI BONAPARTISTE

A JOSEPH BONAPARTE

Et toi, vieillard, aussi ! tu viens dans le champ clos
Où la plume combat, où l'encre coule à flots,
Jeter aux factions, disputant la puissance,
En forme de cartel un acte de naissance !
A travers les grands noms, refrain de nos débats,
Ton nom mystérieux est prononcé tout bas.
Quelques agitateurs, ralliés pour détruire,
Soldatesque sans frein qu'on rougit de conduire,
Quêtant partout un chef pour détrôner un roi,
De refus en refus sont tombés jusqu'à toi.

Mais le géant n'est plus, et les nains de sa race
Dormiraient aisément blottis dans sa cuirasse ;
Tous ses parents obscurs, frères, sœurs et neveux,

Qui pour son héritage osent former des vœux,
De l'astre impérial satellites sans nombre,
Depuis qu'il s'est éteint sont retombés dans l'ombre.
L'orphelin dans l'exil n'a qu'un moment langui :
Sur le chêne abattu le vent frappa le gui.
L'empire, dont la chute a fait trembler les pôles,
Pour vestige ici-bas n'a laissé que deux saules :
L'un, que brûle au midi le simoun étouffant,
L'autre, pendant au nord sur un tombeau d'enfant.

Bonaparte! où trouver dans ta biographie,
A côté de ce nom, rien qui le justifie?
Ton glorieux aîné, dans ses obscurs cadets,
Vit dix ans une tache au velours de son dais.
Il les brodait en vain d'or sur chaque couture,
Sous leur habit de prince on flairait la roture.
Lorsque, du nord au sud, le pontife des camps
Les sacrait rois d'un jour sur les trônes vacants,
De l'orgueil fraternel leur vanité complice
Se courbait à ses pieds sous un brillant cilice.
A l'hommage des cours le dédaigneux vainqueur
Les jetait en passant, comme ce dieu moqueur
Qui livre dans l'Asie aux prières publiques
Ses excréments divins, façonnés en reliques.
Tel le sabre adoré des héros osmanlis

Découpe aux icoglans le monde en pachaliks;
Tel secouant la peau du lion de Némée,
Hercule en fait tomber tout un peuple pygmée.

Malheur aux potentats créés par son dédain,
S'ils l'offensaient d'un mot ou d'un geste! Soudain
Rapp courait châtier la majesté vassale;
Et quand ses éperons résonnaient dans la salle,
Sous son manteau de roi le coupable suait,
Tremblant comme un pacha surpris par le muet!
Quel ennui t'étouffait dans l'Escurial sombre!
Sur ton lit sans sommeil tu croyais voir dans l'ombre
Flamboyer le poignard et l'œil d'un guérillas;
Et puis, fermant les yeux, tu revoyais, hélas!
Les montagnes dont l'air enivre la poitrine,
La plaine sablonneuse et la roche marine,
Où, sans prévoir du sort les écueils inconnus,
Enfant insoucieux tu bondissais pieds nus!

Aussi, quand Dieu brisa l'idole chancelante,
Vite tu secouas ta couronne brûlante.
Que dis-je? grâce à toi, le monde révolté
De quelques jours plus tôt data sa liberté.
Oui, l'aigle impérial, harcelé dans son aire,
Se débattait encor pour saisir un tonnerre;

Les barbares, tremblant de profaner Paris,
S'arrêtaient sous ses murs, fascinés et surpris ;
Mais, dépouillant un rôle écrasant pour ta taille,
Par un *sauve-qui-peut !* tu cédas la bataille.
Et c'est toi qui voudrais déployer pour drapeau
La redingote grise et le petit chapeau !

Non, la gloire pour toi n'eut jamais de baptême !
Non, Joseph tu n'es pas Bonaparte, et quand même !...
Quand même il reviendrait gigantesque, celui
Devant qui peuples, rois, empereurs, tout a fui ;
Quand même du tombeau le nouvel Encelade
Bondirait, et des cieux tenterait l'escalade,
Pense-t-on qu'à la soif de l'aigle renaissant
La France-Prométhée irait livrer son sang ?
O vous qui l'adorez, tribuns dont la colère
S'allume au nom du roi dans le club populaire,
C'est alors qu'il faudrait hurler le désespoir,
Sur le tableau des droits jeter un voile noir,
Et se taire ou trembler : de sa main colossale,
Qui de Saint-Cloud jadis a balayé la salle,
Il vous briserait, vous et vos tréteaux forains,
Et vous regretteriez, la baïonnette aux reins,
Ces bourreaux paternels dont le clysoir talonne
L'émeute Pourceaugnac autour de la colonne.

Vous qui crachez l'injure au mitrailleur en froc,
Avez-vous oublié que l'homme de Saint-Roch,
Flétri d'un souvenir qu'aucun exploit n'efface,
A son début sanglant nous apparut en face
Dans ce Paris qu'au jour des sanglants désespoirs
Le canon blasonna d'hiéroglyphes noirs?
Distinguez-vous quel mot est gravé sur la pierre?
Charle ou Napoléon? Juillet ou Vendémiaire?
Quel or espérez-vous, quand vos creusets hardis
Fondent quatre-vingt-treize avec mil huit cent dix?
A vos yeux, si Brutus vous a soufflé son âme,
La race de Tarquin est une race infâme.
Crachez donc sur sa cendre abandonnée aux vents,
Votez des échafauds à ses restes vivants,
Qu'ils meurent abreuvés de lentes agonies,
Et qu'on les traîne morts aux vers des gémonies.
C'est peu : ressuscitez contre des noms maudits
Les lois dont le blasphème était frappé jadis.
Mutilez par le fer, brûlez par les acides
La bouche qui vomit les sons liberticides;
Car, si l'on évoquait l'ombre du soldat-roi,
La liberté féconde avorterait d'effroi.
Mais il dort sans réveil, le géant de l'empire;
L'Anglais a bien cloué le cercueil du vampire.
Qu'on n'oppose donc plus sur d'antiques pennons

L'aigle à la fleur de lis et des noms à des noms.
La science héraldique est éteinte, et la France,
En vieillissant, confond dans son indifférence
Sa race tricolore et ses blancs souverains,
L'huile de Notre-Dame et l'ampoule de Reims...

Mais, que fais-je ? et pourquoi, sur un bruit populaire,
Traîner devant ma barre un homme consulaire,
Qui, sans doute, ignorant le factum publié,
Oublieux des partis, s'en croyait oublié.
Heureux colon ! semblable au pasteur de Virgile,
Tu couronnes de fleurs tes pénates d'argile.
Dans un riche désert, que peuplent à la fois
Les révolutions et la haine des rois,
Tranquille au bord des mers, comme une écume immonde,
Tu repousses du pied le bruit de l'ancien monde,
Et si, frappant chez toi, les partis pèlerins
Pour leur pavois désert quêtent des souverains :
Insensés ! réponds-tu, quel espoir vous anime ?
Pourquoi dans son jardin troubler Abdolonyme ?
La couronne avant l'âge a blanchi mes cheveux ;
J'en connais trop le poids : il suffit à mes vœux
Que mon pré soit en fleurs et que mon champ jaunisse.
Peuples qui mendiez des rois, Dieu vous bénisse !

27 juillet 1833.

LA PRINCESSE

Ne parlons plus de liberté :
Je viens de voir une princesse.
Pour mettre aux pieds de Son Altesse
A mon tour, que n'ai-je hérité
D'un peu de légitimité!
Elle serait, pour ma chambrette,
Un meuble fort joli, ma foi;
Mais puisqu'elle n'est pas grisette,
Ah! quel bonheur si j'étais roi!

Dès qu'en son char elle a paru,
Blonde et riante à la portière,
A travers des flots de poussière
Avec la foule j'ai couru,
Empressé de voir, et j'ai vu...
J'ai vu son front qui se colore,
Son sein qu'agite un doux émoi;
Mais, pour voir un peu mieux encore.
Ah! quel bonheur si j'étais roi!

Je veux prendre aussi mon essor :
L'ambition devient vulgaire,
Tel sot, qui végétait naguère,
Se réveille plus sot encor,
Chargé d'honneurs et cousu d'or.
D'un souhait qui semble frivole
Vous riez sans doute, et pourquoi?
Amis, la Providence est folle;
Ah! quel bonheur si j'étais roi!

Sous les palais, comme un volcan,
La Liberté s'allume et gronde;
Ne puis-je trouver en ce monde,
Où les trônes sont à l'encan,
Quelque petit trône vacant?
Dussé-je, en prince bon apôtre,
Caresser le peuple et la loi,
Dussé-je régner comme... un autre,
Ah! quel bonheur si j'étais roi!

Je le sais, l'Hymen et l'Amour
Traitent les rois comme la foule,
Et l'on dit qu'à la sainte ampoule,
D'âge en âge et de cour en cour,
Le diable a joué plus d'un tour;

Mais si dans les devoirs suprêmes
Mon peuple usurpait mon emploi,
Du moins il pairait les baptêmes :
Ah! quel bonheur si j'étais roi!

D'un fol espoir je m'enivrais ;
Mais quel réveil et quel vacarme !
Le galop brutal d'un gendarme
Tout à coup me renverse auprès
De l'idole que j'adorais.
Dans le tourbillon de ses gardes,
Elle fuit vers le Louvre, et moi
Je gagne en boitant les mansardes...
Ah! quel bonheur si j'étais roi!

1832.

MERLIN DE THIONVILLE

Français régénérés de la grande semaine,
Suivons le deuil nouveau que la Liberté mène !
Elle perd chaque jour ses derniers vétérans,
Et, comme Niobé, meurt sur ses fils mourants...

Hélas! quand le tribun du peuple et de l'armée,
Merlin de Thionville est mort, la renommée,
Qui suivait à grand bruit le triomphe d'un roi,
N'a point jeté les yeux sur cet obscur convoi.
Rien ne s'émut autour de cette gloire morte;
Quelques rares amis ont seuls formé l'escorte,
Et les mille clochers dont il fondait l'airain
Pour voter un budget au peuple souverain,
Et les mille canons qu'il pointait aux batailles,
N'ont point hurlé dans l'air un glas de funérailles;
Et rien ne rappela qu'il fut un des cent rois
Devant qui tous les rois chancelaient à la fois.
Puissant par la parole et puissant par l'audace,
Il résume en lui seul l'époque à double face
Que d'une explosion de gloire deux volcans
Éclairaient à la fois, la tribune et les camps.
Fallait-il dégrader Dumouriez ou Custines,
Rallier au drapeau des légions mutines,
Réveiller dans nos rangs la victoire qui dort,
Et noyer dans le Rhin les Pharaons du nord?
Carnot montrait du doigt la frontière entamée,
Et Merlin y tombait pesant comme une armée.
Dans leur métier de feu qu'il n'avait point appris,
Il révélait un maître aux généraux surpris;
Debout, le sabre en main, sur l'affût oratoire,

La veille du combat, décrétait la victoire,
Et, dans les rangs prussiens plongeant seul bien souvent,
En rapportait le droit de crier : En avant!
Puis, des bords enflammés du Rhin ou de la Sambre,
Quand un coup de tocsin l'appelait à la chambre,
Plus intrépide encor dans un nouveau danger,
Sur l'ardente montagne il revenait siéger.

A ta place, Merlin, la séance est ouverte.

Des triumvirs jaloux ont médité sa perte.
Il regarde pensif les vides qu'en tombant
Danton et Desmoulins ont laissés sur leur banc;
Mais, nouveau Damoclès, l'épouvante dans l'âme,
Il ne restera pas accroupi sous la lame.
Contre ses ennemis, sitôt qu'ils paraîtront,
Il s'armera du fer qu'ils pendent sur son front;
Et, puisqu'à leurs genoux Thémis pâle s'est tue,
Détournera sur eux le *hors la loi* qui tue.
Robespierre est puissant, Robespierre a pour lui
Des piques dont l'éclair en vain n'a jamais lui,
Des canons demandant audience à la porte,
Les faubourgs, une armée et Saint-Just! mais qu'importe?
Sa voix retentira, qu'on l'applaudisse ou non,
Plus haut que les faubourgs, Saint-Just et le canon.

Le bouillant proconsul, venu de la Gironde,
Assiége le premier la tribune qui gronde.
Écoutez!... Oh! jamais, sur les glacis d'un fort,
Les cœurs avant l'assaut n'ont palpité plus fort.
Le Sina, d'où tombaient des lois et des tempêtes,
La montagne ébranlée a fendu ses deux crêtes,
Et les pics fraternels, s'entre-choquant tous deux,
Volcanisent le sol, qui palpite autour d'eux.
De spectateurs béants la salle est crénelée;
Comme un troupeau de loups qui flaire la mêlée,
La plèbe anthropophage attend là, pour savoir
Quelle chair et quel sang on lui promet ce soir...
Mais tout à coup le monstre hésite à s'en repaître
Le lion d'Androclès a reconnu son maître;
Les décrets promulgués expirent sous les cris;
Des bras nus et sanglants relèvent les proscrits;
Par tous ses soupiraux, le vieil Hôtel de Ville,
Haletant, a soufflé la tempête civile,
Et sur les quais bruyants où Paris est debout
Aux feux de thermidor la sédition bout.
Merlin se lève alors, fier d'un rôle à sa taille;
Encor poudreux des camps, il vole à la bataille.
Il part; les cris de mort ne l'intimident point;
Il plonge dans l'émeute, un pistolet au poing,
Devant les conjurés se dresse, loi vivante,

Comme dans un filet, les prend dans l'épouvante,
Et, sans qu'ils aient tiré le glaive du fourreau,
Les ramasse tremblants et les jette au bourreau.
C'est bien : justice est faite, et, joyeux dans leur tombe,
Les cordeliers martyrs acceptent l'hécatombe.
Un nouveau roi déchu fait hommage à Samson ;
La hache, qu'ébréchait une longue moisson,
Humide d'un sang pur, dans le sang est lavée.

Merlin, repose-toi, la séance est levée !

En face d'un tel homme, oh ! qu'ils semblent petits,
Ces législateurs nains dans le centre blottis !
Ces rhéteurs fanfarons à la voix menaçante,
Qui tonnent sans danger contre l'émeute absente,
Et râlent un long cri d'épouvante et de deuil,
Sitôt qu'un bruit suspect bourdonne sur le seuil !
Si, du moins, surgissait dans un coin de leur salle
Du siècle des géants quelque ombre colossale !...
Mais sur nos vieux tribuns, historiques lambeaux,
L'oubli pesait avant la pierre des tombeaux.
Quand le lion rugit les trois jours de colère,
Sans doute le vieillard bénit la nouvelle ère,
Et, comme le pays, comme la liberté,
Pour un avenir d'or se crut ressuscité.

Sans doute il espéra que la voix des colléges
Aux sénateurs déchus restitûrait leurs siéges.
Vain espoir! ce grand nom retentissait trop fort.
Peut-être, en l'écartant, la France n'eut pas tort.
Quand on eût présenté Merlin de Thionville
Comme un épouvantail à la chambre servile,
Quand sur nos girondins le fougueux montagnard
Eût lancé sa parole et brandi son poignard,
Oh! sans doute, devant cet homme de l'histoire,
Reculant de terreur, comme devant Grégoire,
Dans les bras de la France ils auraient rejeté
Le tribun glorieux de son *indignité*...

Quoi! des récits menteurs, que la peur accrédite,
Font de l'époque sainte une époque maudite!
Par des auteurs vendus tout royal attentat
Est absous et paré du nom de coup d'État,
Et pour les nations il n'est point d'indulgence!
Après avoir longtemps amassé sa vengeance,
Lorsque le peuple-roi se relève, et s'assied
Sur les partis vaincus qui le mordent au pied,
Il faudrait qu'il n'eût pas de fiel dans les entrailles,
Qu'il étouffât la soif des justes représailles,
Et ne réveillât pas contre ses ennemis
Le beffroi, chaud encor, des Saints-Barthélemis!

Pour les Fouquiers royaux l'histoire est sans colères,
Et ne pardonne pas aux Jeffreys populaires!
Et quand même ils auraient frappé d'aveugles coups,
Lâches accusateurs, silence! oubliez-vous
Que leur âme de feu purifiait leurs œuvres?
Oui, d'un pied gigantesque écrasant les couleuvres,
Par le fer et la flamme ils voulaient aplanir
Une route aux Français vers un bel avenir.
Ils marchaient pleins de foi, pleins d'amour, et l'histoire
Absoudra, comme Dieu, qui sut aimer et croire.
Semblables au Mogol, pourvoyeur de vautours,
Qui de crânes humains édifiait des tours,
Au dieu qu'ils confessaient votant d'horribles fêtes,
Pour lui bâtir un temple ils entassaient les têtes;
Et, quand il le fallait, résignés au malheur,
Couronnaient l'édifice en y portant la leur.
Sans doute il leur fallait, d'une main pacifique,
Caresser des méchants la race prolifique,
Au lieu de fatiguer la hache du trépas;
Comme en nos jours de honte il fallait, n'est-ce pas?
Garrotter de rubans, déporter dans les places,
Des ennemis vaincus qui hurlent des menaces,
Et, plutôt qu'un mandat, jeter un passe-port
A ces preux chevaliers galopant vers le nord,
Qui, pour tailler en fiefs la France découpée,

Aux sabres des uhlans aiguisaient leur épée...
Eh bien! moi, je vous dis que leur pied trop clément
Sur l'hydre féodale a pesé mollement;
Car elle siffle encor, car le monstre vivace,
Dès qu'ils furent passés, a bondi sur leur trace;
Ils n'ont régné qu'un jour, et quand, le lendemain,
Sur la couronne à terre un Cromwell mit la main,
Pour son infâme Rump il sut trouver des membres,
Repeupla, d'un coup œil, les vieilles antichambres,
Et fit dans le château surgir, on ne sait d'où,
Les mannequins vivants balayés le dix août.

A l'anathème, un jour, substituant l'éloge,
On fera de leurs noms un saint martyrologe;
Un jour on votera des honneurs immortels
A leurs tombeaux maudits transformés en autels.
Mais nous, dont le cœur chaud repousse un froid système,
Nous, peuple, qui voulons la liberté *quand même*,
Devançons l'avenir, et d'un pieux accueil
Honorons ces proscrits, au moins dans le cercueil.
Qu'en guise de cyprès, le chêne populaire
Prodigue à leur sommeil son ombre séculaire!
Décoré de leurs noms, pavoisé de drapeaux,
L'arbre poussera bien dans le champ du repos
Car du tronc à la tige une chaude poussière

Circulera changée en séve nourricière ;
Dans chacun des rameaux qui frissonnent au vent
Nos fils vénéreront un ancêtre vivant,
Et le soir, attentifs au conseil que leur donne
Un prophète semblable à celui de Dodone,
Aux jours de grande alarme ils diront à genoux :
Mânes de nos aïeux, que faire ? inspirez-nous !...

A M. C. OPOIX, DE PROVINS

EX-CONVENTIONNEL

Le poëte aux débris voua toujours un culte :
Pour une âme rêveuse ils ont un charme occulte.
L'imagination en fait sortir des voix
Qui parlent aux vivants des choses d'autrefois,
Et le vers pousse bien, comme la giroflée,
Aux crevasses d'un mur, au pied d'un mausolée.
Oh ! rouvrir sous mes pas, au désert d'Orient,
Les traces de Byron et de Chateaubriand ;
Respirer, accoudé sur un tronc de colonne,
La poussière qui fut Palmyre ou Babylone,

Quel bonheur! mais, hélas! c'est un rêve : le sort
A de sa main de fer encloué mon essor,
Et, comme le chevreau captif au pied d'un chêne,
Pour brouter quelques fleurs, je tiraille ma chaîne.
Du sol natal au moins j'exploite les trésors.
Et que me servirait d'aller, de bords en bords,
Évoquer du tombeau quelque nation morte?
Une grande ruine est debout à ma porte.
Oui, venez parmi nous, curieux pèlerins,
Dont la voile frissonne à tous les vents marins.
Des voyageurs ont dit que dans sa vieille enceinte
Provins rappelle aux yeux Jérusalem la sainte.
Voilà pourquoi sans doute, infidèle au Jourdain,
La fleur qu'y moissonna le comte paladin,
Cessant de grelotter loin du soleil d'Asie,
Comme au fleuve natal se mire à la Voulzie.
Là, quand le vent du soir gémit, on croit encor
Sur quelque pont-levis ouïr le son du cor,
Ou descendre, furtifs, des créneaux dans les plaines,
Les appels amoureux des dames châtelaines;
Là, quand dans les roseaux il chante comme un luth,
Le passant rêve et dit : Comte Thibaut, salut!
Et, si vous ignorez quel savant artifice
Des temps qui ne sont plus restaure l'édifice,
Vous interrogerez l'ermite qui, souvent,

A travers ces débris erre, débris vivant.
Comme Champollion au pays des califes,
Il vous expliquera de vieux hiéroglyphes,
Et la baguette d'or de ce magicien
Exhumera pour vous l'Agendicum ancien.
Regardez : il chancelle en foulant des décombres,
Cet homme séculaire, ombre parmi les ombres;
Le bâton, qui soutient ses pas mal assurés,
Frappe au séjour des morts, comme pour dire : Ouvrez!
Sur son front chauve, Etna blanc de neige et qui brûle,
De quatre-vingts hivers le fardeau s'accumule;
Mais, quand même la foudre ou les vents pluvieux
Dégraderaient encore ce monument si vieux,
Quand il ne resterait de cet homme débile
Qu'un son dans l'air; semblable à l'antique sibylle,
Oh! cette voix serait un oracle pour nous,
Nous en recueillerions la parole à genoux;
Car aux jeunes croyants qu'attire l'ermitage
Elle répéterait (sublime radotage!)
Ces mots qui dans les cœurs brûlants de puberté
Ne tombent jamais froids : *Patrie et Liberté!*
La sainte Liberté, naissante au Jeu de paume,
Comme Cincinnatus, l'enleva sous le chaume.
Certes, ce n'étaient pas alors de vils crétins
Qui de la noble France agitaient les destins,

Des écoliers barbons, tremblants sous la férule,
Automates mouvants sur la chaise curule,
Bétail que le pouvoir engraisse de ses dons,
Bâillonne d'un frein d'or et sangle de cordons;
Alors les députés haranguaient les tempêtes,
Ballottaient au scrutin leurs boules et leurs têtes;
Le bourreau ramassait tous les partis tombants,
La mort à plein sillon fauchait entre les bancs,
Le tocsin dans la Chambre étouffait la sonnette,
Et l'émeute y frappait à coups de baïonnette...
Eh bien! s'enveloppant d'un héroïsme obscur,
De l'époque sanglante il sortit le front pur;
Il osa pour Capet armer sa boule blanche,
Au pied de la Montagne affronter l'avalanche,
Et, bravant du malheur le contact dangereux,
Coudoyer sans pâlir les girondins lépreux...
Que sont-ils devenus, ces hommes consulaires?
Ceux qu'on n'a point jetés aux lions populaires
Ont traîné dans l'exil leurs destins ignorés,
Et la terre d'exil les a tous dévorés.
Si de la France un jour l'idolâtrie avide
Revendiquait leurs os pour le Panthéon vide,
Dans un large sillon, creusé du sud au nord,
Il nous faudrait glaner sur les pas de la Mort,
Et, labourant le sol de chaque cimetière,

Comme une Josaphat fouiller l'Europe entière.
En vain la Liberté, renaissante aux trois jours,
Rappela ces proscrits : hélas ! les morts sont sourds !...

Lui du moins nous resta : la vieille dynastie
N'atteignit pas son front des coups de l'amnistie.
Comme l'Italien, harcelé de héros,
Qui, dans un temple ouvert, se sauve des bourreaux.
Le vieillard, poursuivi par Tartufe et Basile,
S'enfuit vers le Parnasse, en s'écriant : Asile !
Mais, dédaigneux du monde et de ses lauriers vains,
Comme un linceul précoce il revêtit Provins ;
Et l'aigle, qui peut-être eût dévoré l'espace,
Se tapit, ver obscur, dans cette carapace.
C'est le magicien de nos bois enchantés,
Le fantôme rôdeur de nos débris hantés ;
Il ordonna trente ans ce funèbre musée,
Trente ans épousseta chaque peinture usée,
Et vieux, pour récompense il ne demanda rien,
Rien, que l'honneur obscur d'en mourir le gardien.
Du haut de nos remparts, philosophe stylite,
Planant sur le champ clos où l'Europe milite,
Il voit, depuis quinze ans, voyager tour à tour
Les Bourbons fugitifs, les Bourbons de retour ;
Et, détournant l'oreille au bruit de leur passage,

Il dort, enveloppé dans le manteau du sage.
Nul rayon de faveur sur ses vieux jours n'a lui;
Les rois (se souvenant!) reculaient devant lui.
Quand juillet s'alluma, du moins on pouvait croire
Qu'il se réchaufferait à ce soleil de gloire,
Qu'une langue de feu l'irait chercher; mais non :
Rien aux puissants du jour ne révéla son nom,
Et seule, quand il pleut tant de croix dans l'ornière,
La rose de Provins brille à sa boutonnière.
Que dis-je? son pays renia ses travaux;
Il lui fallut subir d'ironiques bravos,
L'outrage médité, l'insulte irréfléchie,
Essuyer des crachats sur sa barbe blanchie,
Et passer, sous les yeux des pharisiens jaloux,
Vêtu, comme le Christ, de la robe des fous.
Il dut se rappeler, dans ces jours d'amertume,
Que de vieillards, sans foi dans leur gloire posthume,
De l'âge et du malheur ont cumulé le faix,
Et recueilli l'injure en semant des bienfaits :
Dante a bu lentement une agonie amère,
Et des chiens ont bavé sur les haillons d'Homère!

Dors en paix maintenant, Nestor des Provinois,
Je veille à ton repos, comme l'enfant chinois,
Dont l'éventail défend la tête paternelle

Du moucheron qui peut l'effleurer de son aile;
Je ne trafique pas d'un hommage vendu :
Mon luth aux lambris d'or ne fut jamais pendu :
Mais si, montrant du doigt le front nu d'Élisée,
On l'insultait encor d'une lâche risée,
Oh! mon vers gronderait, semblable à l'ours vengeur
Qui, s'élançant des bois vers le saint voyageur,
Dispersa, déchira son escorte insolente,
Et lui lécha les pieds de sa gueule sanglante...
Je ne te connais pas; des accents de ta voix
Mon oreille est encor vierge; mais que de fois,
Dans la bruyante rue ou dans la solitude,
J'ai suivi ton pas lent avec sollicitude!
J'aurais voulu pour toi ramollir le chemin;
Et ma main s'égarait, prête à saisir ta main;
J'épiais sur ta bouche un sourire prospère,
Et la mienne s'ouvrait pour te dire : Mon père...
Et puis, je veux semer afin de recueillir :
Moi, fiévreux de jeunesse, il me faudra vieillir;
L'huile, un jour, doit manquer à ma veille assidue;
Le vent emportera ma parole perdue;
Mais quand, désenchanté de mes rêves d'enfant,
L'oubli m'aura couvert d'un linceul étouffant;
Quand mes concitoyens, en me voyant paraître,
Se diront : Quel est-il? et passeront; peut-être

De la sainte vieillesse un poëte amoureux
Les fera souvenir que j'ai chanté pour eux,
Réjouira mon cœur d'une parole amie,
Versera des parfums sur ma gloire momie,
Et, payant au rimeur la dette du savant,
De funèbres lauriers m'embaumera vivant.

LE POËTE EN PROVINCE

Le *moi* présomptueux de Montaigne et de Sterne
Est mal reçu, venant d'un auteur subalterne;
Mais comme un premier-né, Diogène m'est cher;
Je ne distingue pas mon œuvre de ma chair,
Et je dois me laver des reproches qu'on lance
Tantôt à mes discours, tantôt à mon silence.
Sur des abus flagrants, dit-on, je me suis tu,
J'ai porté des défis et n'ai point combattu;
Puis, j'avais annoncé qu'en un large domaine
Mon Pégase ouvrirait un sillon par semaine;
Je n'ai pas su tenir ce que je promettais,
Et mon jeune crédit mourra sous les protêts...

Hélas! j'ai préludé sous de riants auspices;
Tout semblait à mon vol offrir des cieux propices;
Ceux même qu'autrefois, dans ma gaîté sans frein,
J'avais égratignés d'un insolent refrain,
Ont, tuteurs généreux de ma muse inconnue,
Prêté des ailes d'or à son épaule nue;
La voix, *qui m'a troublé lorsque je sommeillais*,
Applaudit ma satire à ses premiers feuillets.
A vous, braves amis dont le bravo m'accueille,
Quand mon poëme au vent s'en allait feuille à feuille;
A vous, dont la pitié réchauffa dans son sein
Ces passereaux frileux égarés par essaim,
Honneur! honneur surtout à ces âmes ferventes,
Dans notre Béotie antithèses vivantes,
Qui de leurs conseils d'or m'ont payé le tribut;
Honneur à vous, C***, M*** et G***!
Je suis las de croupir sur votre territoire,
De prodiguer des chants qui n'ont point d'auditoire;
Je pars, et de ces bords, que je croyais amis,
Je secoue, en fuyant, la poudre et les fourmis;
Je pars, mais sans adieu : ma satire allumée
En cinq explosions ne s'est pas consumée;
Je poursuivrai sans peur mon rôle jusqu'au bout :
Le théâtre a croulé, mais l'acteur est debout.
Créanciers de mes vers; pour acquitter ma dette,

Je serai, s'il le faut, et manœuvre et poëte ;
De l'art et du travail cumulant les ennuis,
Je sûrai le matin sur l'œuvre de mes nuits...

Vous dont j'entends gronder le bruyant anathème,
Savez-vous bien (hélas! je l'ignorais moi-même!)
Savez-vous quel fardeau je m'étais imposé?
Quel miracle inouï je rêvais, quand j'osai
En forme d'Hélicon tailler notre montagne,
Et dire *fiat lux* aux brouillards de Champagne?
Comme le voyageur dans son nautique essor,
Baptisant de son nom une île vierge encor,
Insensé, j'avais cru, Cook de la poésie,
Conquérir le premier les bords de la Voulzie ;
O mes concitoyens, pardonnez! je le vois,
Vos gloires pour fleurir n'attendaient pas ma voix.
Heureux pays! ton sol fourmille d'Aristarques ;
Tes Solons inconnus attendent des Plutarques ;
Rivaux des troubadours qui t'illustraient jadis,
Tes nouveaux lauréats, grands hommes inédits,
De l'ombre d'un bureau, du fond d'une boutique,
Règnent sur les beaux-arts et sur la politique,
Et l'on ne peut toucher à ce double terrain
Sans attenter aux droits d'un orgueil suzerain.

Poëte infortuné, sous ta plume prudente,
En vain tu retiendras l'épigramme pendante;
A chaque livraison un jury menaçant
Donnera la torture au poëme innocent :
Il flairera partout des délits et des crimes,
Ainsi qu'un or suspect contrôlera tes rimes,
Et les fera sonner tour à tour, à dessein
D'en tirer quelque bruit ressemblant au tocsin.
On montrera du doigt à la foule ignorante
L'injure personnelle, à chaque mot flagrante.
Un magistrat, dit-on, par l'un est bafoué;
L'autre frappe un notaire, et l'autre un avoué;
L'autre un bourgeois du lieu, colossal d'importance,
Dont toi seul n'avais pas soupçonné l'existence.
Lances-tu des cailloux aux Goliaths des cours!
Sur quelque front obscur ils ricochent toujours.
A la face des rois, jettes-tu de la boue?
Un maire et deux adjoints vont s'essuyer la joue;
Et des officieux, en grimaçant l'effroi,
Te parleront tout bas du procureur du roi...
Donnes-tu quelques pleurs à ton noble Mécène,
Dont l'exil imprévu fit murmurer la Seine?
L'hémistiche, à Melun, se glissant par hasard,
Flambloie aux murs dorés d'un petit Balthasar,
Et, des juges tardifs excitant les enquêtes,

Le proconsul jaloux veut te livrer aux bêtes ;
As-tu blessé l'orgueil d'un bel esprit mutin ?
Pour sauver ton repos, fuis, ou, quelque matin,
Pâle encor d'une veille, il faudra que tu coures
Brûler au nez d'un fat tes vers changés en bourres...

Hélas ! c'est mon histoire... Eh bien ! à vous aussi,
Zoïles spadassins, je répondrai : merci !
Vous avez retrempé mon cœur dans l'amertume ;
Le fiel dont il est plein déborde sous ma plume.
Pourtant, dormez en paix : de mon brûlant courroux
Je n'égarerai point un seul éclair sur vous ;
Je ne vous rendrai pas outrage pour outrage,
Car vos bourdonnements ne sont pas un orage.
Vous ne méritez pas que l'on vous crache un vers,
Et d'un large mépris je vous ai tous couverts.
Pour la prostituer, j'estime trop ma haine ;
L'ouragan, dont le vol courbe l'orgueil du chêne,
Dédaigne d'effleurer l'insolent végétal,
Qui se carre au soleil sur le fumier natal.
Pour cible hebdomadaire, à mes coups polémiques,
Je veux des fats titrés, des sots académiques,
Je veux des ennemis que je puisse, en chemin,
Écarter d'un soufflet sans me salir la main.
Venez, gens du pouvoir, dans son nouveau refuge,

Relancer et traquer l'insolent qui vous juge.
Comme un épouvantail dressez-vous devant moi !
Je suis plus fort que vous, c'est pour vous qu'est l'effroi.
Qu'importe qu'on m'enlève une presse, qu'importe
Que l'hospitalité ferme sur moi sa porte ;
Qu'importe, pour s'asseoir, au poëte rêvant,
La chaise du foyer ou la borne en plein vent !
Quand il se frotte au peuple, un contact électrique
Fait jaillir de son sein la flamme satirique.
Je ne m'inspire pas sur des coussins moelleux,
Je tiens mal une plume entre mes doigts calleux ;
Je n'écris pas, je chante, et, Minerve nouvelle,
Ma satire s'élance en bloc de ma cervelle.
Qu'on m'enchaîne, ma voix est libre, c'est assez ;
Oui, tant qu'on n'osera, comme aux siècles passés,
Par le fer et la flamme étouffer le blasphème,
Il faudra qu'on m'entende ; et, dussé-je moi-même
Quêter des auditeurs, comme ces troubadours
Dont l'orgue savoyard nasille aux carrefours,
J'ameuterai le peuple à mes vérités crues,
Je prophétiserai sur le trépied des rues...
Chaque mur, placardé d'un vers républicain,
Sera pour mes lazzis le socle de Pasquin.

A HENRI V

Henri Cinq! à ce nom n'augurez point d'outrage
Pour l'héritier des lis, emporté par l'orage.
Où l'on salue un roi, je ne vois qu'un enfant,
Et respecte le front que sa candeur défend.
Pourquoi te maudirai-je? infortuné! sans doute,
Tu hais la royauté plus qu'on ne la redoute;
Je garde ma colère à tes bourreaux, à ceux
Qui stimulent pour toi l'avenir paresseux,
Et qui, pour t'ajuster à la robe virile,
T'imposent un effort douloureux et stérile.
Les cruels t'ont volé ton âge d'or! ils ont
Imprimé sur le tien les soucis de leur front;
Te versant goutte à goutte une espérance acide,
Ils consomment dans l'ombre un long infanticide.
Ah! maudit soit le jour, où Paris étonné
Comme un présent d'enfer accepta *Dieudonné!*
Hélas! quand les valets du trône héréditaire
De l'auguste naissance adoraient le mystère,
Quand le canon hurlait l'avis officiel,

Par pitié pour la France et pour toi, plût au ciel
Qu'un bohémien, fouillant dans ton berceau de fête,
Au baptême royal eût dérobé ta tête!
Tu pourrais aujourd'hui danser sous tes haillons,
La chevelure au vent, courir les papillons,
Moissonner, à pleins bras, les campagnes fleuries,
Écloses sans parfum sur tes tapisseries,
Et t'endormir à l'aise aux portes du palais
Qui fait peser sur toi ses murs et ses valets,
Ivre de joie et d'air, riche d'un budget mince,
Tu vivrais mendiant, toi qui végètes prince.
Dieu ne l'a pas voulu : sur des parquets luisants,
Tu heurtes tes genoux au front des courtisans,
Et les ambassadeurs, qu'un huissier te présente,
Brisent tes hochets d'or dans leur marche pesante.
Puisses-tu succomber à cet ennui profond!
Car l'avenir pour toi s'ouvre noir et sans fond,
Car tes persécuteurs font briller sur ta tête
Un joyau, dont l'aimant attire la tempête...
Ta raison, disent-ils, a mûri promptement,
Tu lis Gœthe et Schiller sur le texte allemand;
Eh bien! tu comprendras mon arrêt prophétique,
Enfant! si quelque jour la chance politique
Te renvoyait au trône, et courbait sous ta loi
Un peuple frémissant qui ne veut pas de toi;

Si tu devais un jour (ce qu'au destin ne plaise!)
Allonger d'un Bourbon la chronique française,
Une émeute sans fin bourdonnerait dans l'air,
Et livrerait Paris aux brigands de Schiller.
Pour chasser les démons ardents à ta poursuite,
Tu t'armerais en vain d'un aumônier jésuite;
Tu flairerais de loin chaque placet, de peur
Que son pli n'exhalât une horrible vapeur;
Sand heurterait encore au seuil des ministères,
Staabs irait troubler tes fêtes militaires;
Louvel de son tombeau sortirait furibond;
Son vivace poignard a soif du sang Bourbon.

Mais ne te flatte pas même d'un jour prospère;
Tu ne dois pas mourir de la mort de ton père;
Et, si tu te mêlais à des brigands bénis,
On creuserait ta fosse ailleurs qu'à Saint-Denis.
Miraculeux sauveur, n'écoute pas les mages,
Dont ta crèche dorée attire les hommages :
On dit que, pour tenter l'Achille de treize ans,
Ils glissent une épée à travers leurs présents.
Ah! si par leurs conseils ta jeunesse est trompée,
Malheur! car nous aussi nous t'offrons une épée;
Mais, sentant à la fin notre clémence à bout,
Nous te la présentons par la pointe, et debout!...

Et qu'as-tu pour appui? Quelques têtes ridées,
Dont les cheveux de neige ont glacé les idées,
Des menins du régent, des docteurs ès blason,
Imbéciles Calebs de ta vieille maison,
Dont le sang, rare et froid, se figeant sous la hache,
A la main du bourreau ne ferait point de tache,
Parmi ces noms obscurs, il en est un brillant,
Un que nous t'envions, un seul : Chateaubriand !
Mais, sur les lauriers verts qui forment son trophée,
Pâle tige de lis, en vain il t'a greffée,
Son génie est puissant et nous le défions ;
Hélas ! il est passé le temps des Amphions...
Sur les palais détruits, ses pleurs et ses prières,
Abondants, ont coulé sans émouvoir les pierres.
Pour écouter ce prêtre aux chants mélodieux,
Nous voyons trop les vers qui rongent ses faux dieux.
Sa voix, lorsqu'à ta cause il promet la victoire,
Pour la première fois se perd sans auditoire ;
Et, dans sa loyauté de chevalier chrétien,
Il perd son avenir sans restaurer le tien.
Dis donc à ce vieillard, puisqu'il daigne se mettre
Aux genoux d'un enfant qu'il appelle son maître,
Dis-lui de refuser aux profanes débats
Des mots qui ne sont point la langue d'ici-bas ;
De se réfugier au monde qu'il se crée,

Et de ne point offrir une tête sacrée
Où la vieillesse pèse, où tant de gloire a lui,
Au glaive que la loi craint d'égarer sur lui.
Quant aux preux chevaliers que ton exil attire,
Qui vont, gras et vermeils de trois ans de martyre,
Prosterner à tes pieds leur dévoûment profond,
Pour hâter ton retour, sais-tu bien ce qu'ils font?
Ils élèvent au ciel leurs mains et leurs prières,
Attisent de soupirs des feux incendiaires;
Comme le peuple juif, dans un lieu souterrain,
Aux profanes regards cachant leur sanhédrin,
Avides du grand jour qui ne doit jamais naître,
Quand la tempête gronde, ils ouvrent leur fenêtre,
Poussent un cri de joie, et regardent en l'air
Si l'envoyé du ciel tombe dans un éclair.
Je me trompe : aux grands jours, la basilique ouverte
Nous lâche, pour défi, sa procession verte,
Et, quand la nuit est sombre, un marguillier tremblant
A son clocher honteux arbore un haillon blanc.
Ton nom remue encore, au fond des sacristies,
Des fous que nos dédains ont couverts d'amnisties,
Et ces Bretons, marqués du type originel,
Suçant l'horreur des bleus sur le sein maternel,
Bétail aveugle et sourd qu'un Gondi populaire
Fouette vers l'abattoir à coups de scapulaire.

Mais, chaque jour, pâlit leur fanatique instinct;
Le grand buisson ardent de lui-même s'éteint.
Tu seras homme à peine, et déjà l'Armorique
Ne verra plus en toi qu'un fantôme historique.
Si tu parais alors, si quelque flot marin
Jette sur les récifs l'élève de Tharin,
Les pêcheurs, oublieux d'une époque effacée,
Demanderont d'où vient l'étrange cétacée,
Et, comme les débris d'un navire lépreux,
Comme les os d'un phoque anonyme pour eux,
Repousseront du pied, à la mer qui l'apporte,
Le cadavre flottant de 'a royauté morte.
Si ton clan vagabond, pour vaincre sans danger,
Se glissait dans nos ports derrière l'étranger,
La terre de l'ouest, grasse de funérailles,
Aux Français renégats ouvrirait ses entrailles;
A l'appel de Sinon, les ennemis venus
Reculeraient d'effroi devant ces bords connus,
Car ils verraient encore un linceul d'algue verte
Rouler des os blanchis sur la plage déserte,
Et le flot prophétique, aux coups de l'aviron,
Répondrait en grondant : Quiberon ! Quiberon !

Écoute, cependant : quand tu pleures la France,
Si le mal du pays est ta seule souffrance,

Si l'exil t'est mortel, espère ; mais attends
Que les nouveaux Bourbons aient achevé leur temps.
Un règne à l'agonie aurait peur d'un fantôme,
Un trône chancelant craint le choc d'un atome ;
Ta légitimité doit effrayer la leur,
Mais tu n'es rien pour nous, que faiblesse et malheur.
Plus radieux après une éclipse totale,
Quand juillet brillera sur notre capitale,
Fuis ta prison dorée, et viens, sans appareil,
Libre et seul, refleurir à ton premier soleil.
Nous aurons oublié quel fut ton apanage,
Nous fermerons les yeux sur ton pèlerinage ;
Viens : nous te promettons un spectacle inouï,
Dont les fêtes des rois ne t'ont point ébloui.
Alors quelque David, aux dessins gigantesques,
Prenant le Champ de Mars pour toile de ses fresques,
Devant la Liberté fera mouvoir les chœurs
Des citoyens joyeux et des guerriers vainqueurs.
Qui sait ? le tourbillon de cette farandole
T'entraînera peut-être aux pieds de notre idole ;
La voix du sang français, dans ton cœur enfantin,
Étouffera la voix du sang napolitain,
Et, fier de partager notre gloire future,
Tu solliciteras des lettres de roture.
Alors, si des bivouacs fument à l'horizon,

Soldat, va conquérir un laurier pour blason,
Et, comme Ivanhoë transfuge de Solyme,
Étonnant son pays d'un courage anonyme,
Dans le tournoi sanglant qu'ouvre la Liberté,
Fais dire aux spectateurs : Gloire au *déshérité!*

Oui, confonds pour jamais ton avenir au nôtre,
Sois vraiment *fils de France*, et plût au ciel que l'autre...
L'autre orphelin, débris d'un empire plus beau,
Pût revenir aussi de l'exil du tombeau!...

Mais que sert d'embrasser une vaine chimère?
Ils sont perdus tous deux pour la France, leur mère.
Dans la grande cité qui leur donna son lait,
Ma pitié caressante en vain les rappelait :
L'un ne peut soulever la pierre sépulcrale,
L'autre, inhumé vivant dans sa pourpre royale,
Grelotte comme lui sous les brouillards du nord.
Je parlais à deux sourds : l'égoïsme et la mort.

L'APPARITION

O vous ! qui, recueillant ma première parole,
Au ménestrel quêteur glissâtes votre obole,
Je vous devais un hymne, et je soupire un lai ;
Au poëte insolvable accordez un délai.
J'ai promis d'exploiter les trésors de nos fastes ;
A tous nos jours de gloire, à tous nos jours néfastes,
J'ai promis un salut, et ma voix sommeillait
Quand celle du canon cria : Vingt-neuf Juillet.
La rime, dont Boileau se plaignait à Molière,
Regimbe quelquefois sous ma plume écolière ;
Il est de ces moments de fatigue et d'ennuis
Où l'on dort, enfumé par la lampe des nuits,
Où le front soucieux est labouré de rides,
Sans qu'il fleurisse un vers dans leurs sillons arides.
Pour déranger le vol des habitants de l'air,
Il ne faut qu'un atome ; or, il advint qu'hier,
Mon sylphe pèlerin, dansant autour du globe,
S'égara par hasard dans les plis d'une robe,

Et depuis, loin du jour, fermant ses ailes d'or,
Dans ce filet de soie il se berce et s'endort.
Et pourtant, je rêvais à ce plan d'épopée,
Le plus large de ceux qu'on taille à coups d'épée ;
Je voulais étourdir sur les chagrins présents,
Les Français, à ma voix rajeunis de trois ans ;
Galvaniser, armer pour leur œuvre qui tombe,
Ces morts qu'un deuil railleur insulte dans leur tombe ;
Ce peuple qui, sur l'or jonché devant ses pas,
Vainqueur, marchait pieds nus, et ne se baissait pas :
Et ces adolescents déjà mûrs pour la gloire,
Déjà fiers de mourir, et qui ne pouvaient croire,
Hélas! qu'ils se livraient en pâture aux canons
Pour conquérir des mots et détrôner des noms;
Et puis, j'aurais fouetté d'ardentes philippiques
Les Thersites fuyards de nos combats épiques,
Spectateurs nonchalants qui, de leur balcon d'or,
Applaudissaient Paris comme un toréador ;
Qui, le drame achevé, tombèrent de leur loge
Pour s'inscrire vivants sur un martyrologe,
S'enivrer au banquet dressé pour les vainqueurs,
Et rougir de cordons leurs poitrines sans cœurs.

Je marchais : les rayons qui brûlaient mes paupières,
Comme des diamants faisaient briller les pierres,

Et je me rappelais qu'aux Trois-Jours le soleil
Sur les dalles du Louvre étincelait pareil.
J'explorais du regard les maisons pavoisées
De bannières au vent, de femmes aux croisées :
Errant de groupe en groupe, avec des yeux ravis,
Je m'arrêtai soudain, car je vis... oh ! je vis
Une de ces beautés qu'entre mille on rencontre,
Que le ciel ironique un seul instant nous montre,
Frais mirage qui glisse aux yeux du pèlerin
Dans un désert brûlant et sous un ciel d'airain,
Types de la peinture et de la statuaire,
Si pures que leur toit devient un sanctuaire,
Si belles qu'un cœur mort s'épanouit auprès,
Et qu'en se rappelant, un demi-siècle après,
Cette femme sans nom qu'on n'a plus retrouvée,
On se dit : L'ai-je vue ou bien l'ai-je rêvée?
L'étendard, agitant son ombre sur le sol,
Nous éventait tous deux de son frais parasol;
Mais, rouge de pudeur, la figure charmante
S'abrita sous ses plis, comme sous une mante.
Immobile à la place où son œil me troubla,
Je répétai longtemps encore : Elle était là !
Et cependant la foule inondait l'avenue...
Je tressaillis, touché par une main connue,
Et la voix d'un ami : Par Apollon, mon cher,

Quelle rime, béant, flaires-tu donc dans l'air?

Dans mon obscur Éden pourtant j'avais une Ève
Que je m'étais créée et que j'aimais en rêve.
Pour essuyer des pleurs, le succube chéri
Inclinait sur mes yeux ses yeux bleus de péri,
Ses baisers enivraient mes lèvres altérées,
Mes doigts vierges palpaient ses formes éthérées;
Je m'élançais la nuit, emporté dans ses bras,
Vers un monde idéal parsemé d'Alhambras,
Et lorsque, fatigués de leurs métamorphoses,
Les Sylphes vont dormir dans le hamac des roses :
A ce soir, disait-il en fuyant; et le soir,
Sur mes genoux encore il revenait s'asseoir.
De ma blanche statue, ici-bas sans modèle,
Je fus longtemps l'époux et le prêtre fidèle;
Mais je t'ai vue, ô toi dont j'ignore le nom.
Je t'ai vue, et, soudain, honteux Pygmalion,
T'inaugurant déesse en mon âme exaltée,
J'ai sur son piédestal brisé ma Galatée;
Contre un doux souvenir j'ai lutté, mais en vain :
L'ange a ployé Jacob sous son genou divin.

Patriotes martyrs, pardonnez... Mais, que dis-je?...
Quelle tête brûlante est pure de vertige?

Ceux que j'ai vus passer sur le fatal brancard,
Que mes pleurs ont bénis dans leur fosse à l'écart,
Quand ils tombaient aux pieds des Suisses victimaires,
Soupiraient d'autres noms que le nom de leurs mères.
En donnant des baisers à des cadavres saints,
Le peuple fossoyeur découvrait sur leurs seins
Des boucles de cheveux, odorantes encore,
Scapulaires d'amour qu'à vingt ans l'on adore.
Les tribuns précurseurs, dont le nom nous est cher,
Dans leur forte poitrine avaient un cœur de chair :
Danton, l'ours montagnard, souffrant qu'on le muselle,
Grognait d'amour, charmé par des yeux de gazelle ;
Louvet, dans les déserts où la loi le traqua,
Comme la liberté pleurait Lodoïska ;
Un ange blond veillait au chevet de Camille ;
Vergniaud, pour parer un sein de jeune fille,
Condamné, détachait de son sein de martyr
La montre qui tintait le moment de partir ;
Et quand Chénier frappait sa tête volcanique,
Que livrait à la hache un tribunal inique,
Sentant battre son cœur qu'une image brûla,
Il pouvait dire aussi : « J'ai quelque chose là. »

Et nous prétendrions, nous, enfants que nous sommes,
Marcher droit dans la route où chancelaient des hommes !

Oh! nous pouvons comme eux unir avec fierté
Au culte de l'honneur celui de la beauté.
Grâce à ton souvenir, toi que j'ai vue éclore
Au soleil de juillet, sous un pli tricolore,
Avec plus de ferveur mes hymnes salûront
L'étendard amoureux qui caressa ton front,
Et je me souviendrai, si son vol me réclame,
Que ces nobles couleurs sont celles de ma dame.

Mais, paladin rêveur, mon culte extravagant
N'aura pas conquis même un baiser sur le gant ;
Comme dans un harem, captive au gynécée,
Nul souffle ne ternit sa limpide pensée ;
Dans les sentiers connus on ne la froisse pas,
Le grand air est trop vif pour ses frileux appas,
Ainsi, dans nos vallons la rose orientale,
Que Thibaut transplanta de la rive natale,
S'exilant à l'écart, semble dire à nos fleurs :
Pâles filles du Nord, vous n'êtes pas mes sœurs.
Si la presse demain, bruyante entremetteuse,
Lui glisse, humide encor, mon épître flatteuse,
Hélas! comme au hasard, sa main froide ouvrira
Cette page qui brûle, et rien ne lui dira
Qu'un souffle de sa bouche a fait vibrer ma lyre,
Que son regard créa les vers qu'il vient de lire ;

Et, peut-être, la feuille où je les ai semés
Bouclera sur son front ses cheveux parfumés.

6 août 1833.

LES NOCES DE CANA

De Cana l'on sait l'aventure,
Mais d'un vieux grimoire je tiens
Quelques détails, dont l'Écriture
N'a pas égayé les chrétiens.
Un peu gourmet, quoi qu'on en dise,
Le Bon Dieu, qui s'était grisé,
Se permit mainte gaillardise
Dont Judas fut scandalisé.

Car chaque apôtre se signait,
Et Judas surtout s'indignait :
Hélas! disait-il, mes amis,
Le Bon Dieu nous a compromis.

D'abord, en comptant les bouteilles,
Frères, dit-il, en vérité,
De mes jours si pleins de merveilles
Ce jour sera le mieux fêté :
Mes prêtres futurs, en mémoire
D'un tour de gobelet divin,
Vendant des oremus pour boire,
Changeront l'eau bénite en vin.

Et chaque apôtre se signait,
Et Judas surtout s'indignait :
Hélas ! disait-il, mes amis,
Le Bon Dieu nous a compromis.

Aux époux, héros de la fête,
Il dit d'un ton d'épicurien :
Buvez, trinquez, foi de prophète,
L'Amour, ce soir, n'y perdra rien;
Mon présent de noce est un reste
De ce vin comme on n'en fait plus,
Qui, pour décupler un inceste,
Rajeunit un de mes élus...

Et chaque apôtre se signait,
Et Judas surtout s'indignait :

Hélas! disait-il, mes amis,
Le Bon Dieu nous a compromis.

Puis à Madeleine la sainte,
Qui, belle de honte et d'attraits,
Détournait, loin de cette enceinte,
Vers le désert ses yeux distraits :
De ce monde, votre conquête,
Pourquoi, dit-il, vous séparer?
Ma sœur, ce n'est qu'en tête à tête
Qu'au désert il faut s'égarer...

Et chaque apôtre se signait,
Et Judas surtout s'indignait :
Hélas! disait-il, mes amis,
Le Bon Dieu nous a compromis.

Narguant le pharisien qui gronde,
Oui, poursuit-il, faites toujours
Des bienheureux en ce bas monde,
Pour qu'on vous canonise un jour.
Au ciel, pénitente confuse,
Quand vous frapperez en mon nom,
Ne craignez point qu'on vous refuse,
Vous qui jamais n'avez dit : Non.

Et chaque apôtre se signait.
Et Judas surtout s'indignait :
Hélas ! disait-il, mes amis,
Le Bon Dieu nous a compromis.

Moi-même, je veux à plein verre
Boire l'oubli du lendemain ;
Chaque instant me pousse au Calvaire.
J'en veux égayer le chemin.
Suivez donc mes traces divines :
En attendant que les douleurs
Viennent vous couronner d'épines,
Enfants, couronnez-vous de fleurs.

Et chaque apôtre se signait,
Et Judas surtout s'indignait :
Hélas ! disait-il, mes amis,
Le Bon Dieu nous a compromis.

Des convives troublant la vue,
Sur leurs plaisirs l'aube avait lui ;
Mais quand l'humanité vaincue
Tombait en foule autour de lui ;
Miracle ! intrépide à sa place,
L'Homme-Dieu, se versant toujours.

Détonnait un hymne d'Horace
Sur le Falerne et les Amours.

Et chaque apôtre se signait,
Et Judas surtout s'indignait :
Hélas! disait-il, mes amis,
Le Bon Dieu nous a compromis.

LE HAMEAU INCENDIÉ

Dans ces bois, où souvent une muse chérie
S'est révélée à moi comme une autre Égérie,
Hier, épouvanté, je vis à l'horizon,
Où riait un hameau, fumer un noir tison,
Et j'osai blasphémer : Oh! si j'étais l'Archange
Que Dieu fait voyager dans nos chemins de fange,
Le visiteur sanglant que, pour sauver les siens,
Il envoya heurter aux seuils égyptiens,
Du moins je choisirais avec intelligence
La place où doit frapper le glaive de vengeance,

Et je respecterais le toit patriarcal
Dont le poteau reçut le baptême pascal.
Je balairais du sol, au vent de ma colère,
Les nouveaux Balthazars que le monde tolère ;
Et sur les noirs débris de leurs palais en feu
Je graverais ces mots : Tyrans, il est un Dieu!
Mais si je rencontrais, errant de plage en plage,
Dans un désert en fleurs l'oasis d'un village,
Où, du travail des jours se délassant le soir,
Les vierges vont danser et les vieillards s'asseoir,
Tribu qu'un long soleil vit marcher haletante,
Et qui, trouvant enfin où déployer sa tente,
Respire la fraîcheur sous le figuier des puits,
Je leur dirais : Enfants, paix et courage; et puis,
De peur d'en égarer sur eux les étincelles,
Je passerais bien vite en repliant mes ailes.

Mais l'Ange fut aveugle, et le hameau détruit !

O Fontaine-Riante! il passait, chaque nuit,
Dans tes chemins obscurs, tout noirs de graminées,
Des brodequins furtifs, des jambes avinées;
Chaque brise envoyait à tes échos dormants
Des refrains de buveurs et des soupirs d'amants,
Tu chômais une fête éternelle et paisible,

Et, dans le fond des bois, ton orchestre invisible
Semblait au voyageur, épiant chaque son,
Un nid mélodieux caché dans un buisson.

Embaume de tes fleurs la jeune fille morte,
O muse! elle a passé dans l'ombre; mais qu'importe?
Quand un tourbillon gronde et ravage, souvent,
Dédaigneux des palais qui croulent à sa vue,
Le poëte rêveur suit des yeux, dans la nue,
  La feuille qui tournoie au vent.

Quand ses pas cadencés foulaient la molle arène,
La veille encor, du bal on la saluait reine :
Elle entraînait les cœurs dans son joyeux essor;
Mais tout sceptre est fragile, et les Parques moroses
Hélas! foulent aux pieds les couronnes de roses,
  Comme les diadèmes d'or.

Nul pressentiment froid n'a glacé son épaule;
Elle ne chante pas la romance du *Saule*,
Comme Desdemona sur sa couche d'hymen :
Non, dans ses souvenirs s'endormant satisfaite,
Aux voluptés du bal, à sa robe de fête,
  Elle semblait dire : A demain.

L'espérance et l'amour l'agitaient : douces fièvres !
Les syllabes d'un nom s'échappaient de ses lèvres,
Quand, tout à coup, du seuil qu'il venait d'embraser,
Le feu, comme Othello, bondissant sur sa couche,
Interrompit le mot commencé par sa bouche,
    Et l'étouffa dans un baiser.

Maintenant, dites-moi ce qu'elle est devenue !
Peut-être foulons-nous sa poussière inconnue :
La flamme s'acharna sur ce corps frais et beau,
Et, quand on éteignit le bûcher funéraire.
Horreur ! il n'en restait pas même de quoi faire
    Un cadavre pour le tombeau.

Plaignons aussi, mêlant ce que le Destin mêle,
Dans cet auto-da-fé son père mort comme elle,
Et sa mère surtout, sa mère qui la vit
Dans son linceul brûlant se débattre... et qui vit !
C'est assez : détournons les yeux de cette rive,
Où la voix de Rachel, qui sanglote, m'arrive.
Où l'on heurte du pied des débris et des os,
Où les âmes des morts pleurent dans les roseaux,
Où, dans les doux parfums que la brise promène,
On craint de respirer une poussière humaine.

                        O.

Frères, dans votre cœur mon cantique de mort
Réveillera du moins des douleurs sans remord !
Oh ! si mes chants obscurs s'élevaient jusqu'au trône,
A l'avare trésor j'arracherais l'aumône ;
Au soleil de Juillet, nous verrions du tombeau
Le village phénix ressusciter plus beau ;
Dans ce mois qu'on dédie à la Liberté-Reine,
Elle-même à l'enfant servirait de marraine,
D'un souvenir de gloire ennobli pour toujours,
Il serait appelé le hameau des TROIS-JOURS !
Et vous dont le shako, civil ou militaire,
Étincela dans l'ombre au reflet du cratère,
Artisans dont le feu tatoua les bras nus,
D'une Iliade obscure Achilles inconnus,
Sur vos seins fraternels, sillonnés par la flamme,
Les roses de l'honneur pleuvraient comme un dictame.

Aux malheureux chassés de leurs toits en débris
Hélas ! ouvrons du moins nos foyers pour abris ;
Ne laissons pas, semblable au voyageur biblique,
Le pèlerin gémir dans la place publique.
Riches, dont l'existence est un banquet sans fin,
C'est à vous de jeter à-la soif, à la faim,
Les miettes du gâteau que votre main découpe,
L'écume du nectar débordant de la coupe.

Je ne vous dirai pas, comme le vieux curé,
Que Jésus mendiant pleure, transfiguré;
Je ne vous dirai pas : « Pour que Dieu vous pardonne,
» Donnez, car c'est à lui que la charité donne.
» Au suppliant qui frappe ouvrez, car le grillon
» Est propice au foyer, la cigale au sillon;
» Car le bonheur sourit aux toits que l'hirondelle
» Réjouit de ses chants et caresse à coups d'aile... »
Non; car dans tous les cœurs la vieille foi s'endort,
Et sur l'autel désert on a mis le veau d'or.
Je dirai seulement : Donnez, pour que la foule
Oublie, en le baisant, que votre pied la foule;
Pour que votre or, sué par tant de malheureux,
Étouffe leurs soupirs en retombant sur eux;
Pour que votre Pactole, utile dans sa course,
Fasse, comme le Nil, perdre des yeux sa source,
Et pour que le passant vous tende un jour la main,
Si votre char vous jette aux cailloux du chemin;
Donnez, car, agitant des torches funéraires,
Le spectre de Babœuf prêche des lois agraires;
Le sol est un volcan; il tremble, et, comme Dieu,
La Raison vous dira : L'aumône éteint le feu.
Quant à moi, pèlerin, jouet de la fortune,
Qui me chauffe au soleil et dors au clair de lune,
Moi, qui n'ai pour tout bien, comme un gueux espagnol,

Que mes chants, ma guitare, un beau ciel, un beau sol,
Je n'ai pu leur jeter l'obole qui me manque ;
Mais je quête en leur nom : sans puiser à la Banque,
Mon portefeuille est riche, et de ses plis ouverts
J'ai secoué sur eux mes seuls trésors : des vers.

19 juillet 1833.

UN SOUVENIR A L'HOPITAL

Sur ce grabat, chaud de mon agonie,
Pour la pitié je trouve encor des pleurs;
Car un parfum de gloire et de génie
Est répandu dans ce lieu de douleurs :
C'est là qu'il vint, veuf de ses espérances,
Chanter encor, puis prier et mourir :
Et je répète en comptant mes souffrances :
Pauvre Gilbert [1], que tu devais souffrir !

---

1. Ce nom fatal vient se placer comme de lui-même sous les jeunes plumes qui tremblent en l'écrivant. L'auteur de la *Satire du dix-huitième*

Ils me disaient : Fils des Muses, courage !
Nous veillerons sur ta lyre et ton sort ;
Ils le disaient hier, et dans l'orage
La Pitié seule aujourd'hui m'ouvre un port.
Tremblez, méchants ! mon dernier vers s'allume,
Et si je meurs, il vit pour vous flétrir...
Hélas ! mes doigts laissent tomber la plume :
Pauvre Gilbert, que tu devais souffrir !

Si seulement une voix consolante
Me répondait quand j'ai longtemps gémi !
Si je pouvais sentir ma main tremblante
Se réchauffer dans la main d'un ami !
Mais que d'amis, sourds à ma voix plaintive,
A leurs banquets, ce soir, vont accourir,
Sans remarquer l'absence d'un convive !...
Pauvre Gilbert, que tu devais souffrir !

J'ai bien maudit le jour qui m'a vu naître ;

---

siècle est une gloire consacrée devant laquelle on s'agenouille en fermant les yeux. Pour quiconque ose les ouvrir, il est évident que Gilbert ne fut ni un Chatterton, ni un André Chénier, ni même un Malfilâtre ; mais il dut à son agonie solitaire une magnifique inspiration, et ses adieux à la vie, que tout le monde sait par cœur, suffiraient seuls, aujourd'hui qu'il a pris rang parmi les véritables poëtes, pour faire taire à ses pieds tout reproche d'usurpation.   H. MOREAU.

Mais la nature est brillante d'attraits,
Mais chaque soir le vent à ma fenêtre
Vient secouer un parfum de forêts.
Marcher à deux sur les fleurs et la mousse,
Au fond des bois rêver, s'asseoir, courir,
Oh! quel bonheur! oh! que la vie est douce!...
Pauvre Gilbert, que tu devais souffrir!

1832.

L'HIVER

Adieu donc les beaux jours! Le froid noir de novembre
Condamne le poëte à l'exil de la chambre.
Où riaient tant de fleurs, de soleil, de gaîté,
Rien, plus rien; tout a fui comme un songe d'été.
Là-bas, avec sa voix monotone et touchante,
Le pâtre seul détonne un vieux noël; il chante,
Et des sons fugitifs le vent capricieux
M'apporte la moitié; l'autre s'envole aux cieux.
La femme de la Bible erre, pâle et courbée,
Glanant le long des bois quelque branche tombée,

Pour attiser encor son foyer, pour nourrir
Encore quelques jours son enfant, et mourir.
Plus d'amour sous l'ombrage, et la forêt complice
Gémit sous les frimas comme sous un cilice.
La forêt, autrefois belle nymphe, laissant
Aller ses cheveux verts au zéphyr caressant,
Maigre et chauve aujourd'hui, sans parfum, sans toilette,
Sans vie, agite en l'air ses grands os de squelette.
Un bruit mystérieux par intervalle en sort,
Semblable à cette voix qui disait : Pan est mort!
Oui, la nature entière agonise à cette heure,
Et pourtant ce n'est pas de son deuil que je pleure
Non, car je me souviens et songe avec effroi
Que voici la saison de la faim et du froid ;
Que plus d'un malheureux tremble et se dit : « Que n'ai-je,
» Pour m'envoler aussi, loin de nos champs de neige,
» Les ailes de l'oiseau, qui va chercher ailleurs
» Du grain dans les sillons et des nids dans les fleurs!
» Vers ces bords sans hiver que l'oranger parfume,
» Où l'on a pour foyer le Vésuve qui fume,
» Où devant les palais, sur le marbre attiédi,
» Le Napolitain dort aux rayons du midi,
» Oh! qui m'emportera?... » Mais captif à sa place,
Hélas! le pauvre meurt dans sa prison de glace ;
Il meurt, et cependant le riche insoucieux

De son char voyageur fatigue les essieux.
Les beaux jours sont passés ; qu'importe ! heureux du monde !
Abandonnez vos parcs au vent qui les émonde ;
Tombez de vos châteaux dans la ville, où toujours
On peut avec de l'or se créer de beaux jours.
Dans notre Babylone, hôtellerie immense,
Pour les élus du sort le grand festin commence.
Ruez-vous sur Paris comme des conquérants ;
Précipitez sans frein vos caprices errants ;
A vous tous les plaisirs et toutes les merveilles,
Le pauvre et ses sueurs, le poëte et ses veilles,
Les fruits de tous les arts et de tous les climats,
Les chants de Rossini, les drames de Dumas ;
A vous les nuits d'amour, la bacchanale immonde :
A vous pendant six mois Paris, à vous le monde !...
Ne craignez pas Thémis : devant le rameau d'or,
Cerbère à triple gueule, elle s'apaise et dort.

Mais, pour bien savourer ce bonheur solitaire
Qu'assaisonne d'avance un jeûne volontaire,
Ne regardez jamais autour de vous ; passez
De vos larges manteaux masqués et cuirassés,
Car, si vos yeux tombaient sur les douleurs sans nombre
Qui rampent à vos pieds et frissonnent dans l'ombre,
Comme un frisson de fièvre, à la porte d'un bal,

LE MYOSOTIS

La pitié vous prendrait, et la pitié fait mal
Votre face vermeille en deviendrait morose,
Et le soir votre couche aurait un pli de rose.
Tremblez, quand le punch bout dans son cratère ardent,
D'égarer vers la porte un coup d'œil imprudent;
Vos ris évoqueraient un fantôme bizarre,
Et vous rencontreriez face à face Lazare
Qui, béant à l'odeur, voudrait et n'ose pas
Disputer à vos chiens les miettes du repas.
Éblouissant les yeux de l'or qui le blasonne,
Quand votre char bondit sur un pont qui résonne,
Passez vite, de peur d'entendre jusqu'à vous
Monter le bruit que font ceux qui passent dessous;
Car voici le moment de la débâcle humaine;
La Morgue va pêcher les corps que l'eau promène;
L'égoïsme, en sultan, jouit et règne; il a
Des crimes à cacher, et son Bosphore est là...

Il est vrai, quelquefois une plainte légère
Blesse la majesté du riche qui digère;
Des hommes, que la faim moissonne par millions,
En se comptant des yeux disent : Si nous voulions !
Le sanglot devient cri, la douleur se courrouce,
Et plus d'une cité regarde la Croix-Rousse.
Mais quoi ! n'avez-vous pas des orateurs fervents

Qui, par un *quos ego*, savent calmer les vents;
Qui, pour le tronc du pauvre avares d'une obole,
Daignent lui prodiguer le pain de la parole,
Et, comme l'Espagnol qui montre, en l'agaçant,
Son écharpe écarlate au taureau menaçant,
Jettent, pour fasciner ses grands yeux en colère,
Un lambeau tricolore au tigre populaire?

Oh! quand donc viendra-t-il, ce jour que je rêvais,
Tardif réparateur de tant de jours mauvais,
Ce niveau qui, selon les écrivains prophètes,
Léger et caressant passera sur les têtes?
Jamais, dit la raison, le monde se fait vieux;
Il ne changera pas; — et dans mon cœur : Tant mieux,
Ai-je dit bien souvent; au jour de la vengeance
Si l'opprimé s'égare, il est absous d'avance.
Spartacus ressaisit son glaive souverain.
Il va se réveiller, le peuple souterrain,
Qui, paraissant au jour des grandes saturnales,
De mille noms hideux a souille nos annales :
Truands, mauvais garçons, bohémiens, pastoureaux,
Tombant et renaissant sous le fer des bourreaux;
Et les repus voudront enfin, pour qu'il s'arrête,
Lui tailler une part dans leur gâteau de fête;
Mais lui, beau de vengeance et de rébellion :

A moi toutes les parts, je me nomme lion !
Alors s'accomplira l'épouvantable scène
Qu'Isnard prophétisait au peuple de la Seine ;
Au rivage désert les barbares surpris.
Demanderont où fut ce qu'on nommait Paris.
Pour effacer du sol la reine des Sodomes,
Que ne défendra pas l'aiguille de ses dômes,
La foudre éclatera ; les quatre vents du ciel
Sur le terrain fumant feront grêler du sel ;
Et moi, j'applaudirai : ma jeunesse engourdie
Se réchauffera bien à ce grand incendie.

Ainsi je m'égarais à des vœux imprudents,
Et j'attisais de pleurs mes ïambes ardents.
Je haïssais alors, car la souffrance irrite ;
Mais un peu de bonheur m'a converti bien vite.
Pour que son vers clément pardonne au genre humain,
Que faut-il au poëte ? Un baiser et du pain.
Dieu ménagea le vent à ma pauvreté nue ;
Mais le siècle d'airain pour d'autres continue,
Et des maux fraternels mon cœur est en émoi.
Dieu, révèle-toi bon pour tous comme pour moi.
Que ta manne en tombant étouffe le blasphème ;
Empêche de souffrir, puisque tu veux qu'on aime !
Pour que tes fils élus, tes fils déshérités

Ne lancent plus d'en bas des regards irrités,
Aux petits des oiseaux toi qui donnes pâture,
Nourris toutes les faims; à tout dans la nature
Que ton hiver soit doux; et, son règne fini,
Le poëte et l'oiseau chanteront : Sois béni !

Saint-Martin, novembre 1833.

LES MODISTES HOSPITALIÈRES

ANECDOTE DE JUILLET 1830

Un pauvre diable de héros,
 Laissé pour mort la veille,
Dans un bon lit frais et dispos
 Tout à coup se réveille.
Il admire, en se récriant,
 Des nymphes au minois riant,
  Friand:

LE MYOSOTIS

Oh! oh! oh! oh! ah! ah! ah! ah!
Quel joli couvent c'était là,
    La la !

Paix donc ! murmure avec douceur
  Quelqu'un près de sa couche ;
Et puis la bouche d'une sœur
  Vient lui fermer la bouche.
  De ce rappel au règlement
Le mode lui sembla vraiment
    Charmant :
Oh ! oh ! etc.

A son lit point de noir abbé,
  Point de docteur profane.
Dans les mains d'une sainte Hébé,
  En guise de tisane,
Le convalescent défailli
Voit mousser d'un œil ébahi
    L'aï :
Oh ! oh ! etc.

Miracle ! le voilà guéri !
  Et deux nonnes gentilles
Offrent au jeune homme attendri

Leurs bras nus pour béquilles.
Sur ce bâton, sans se blesser,
On le voit parfois se laisser
    Glisser.
Oh! oh! etc.

Le chroniqueur, un peu succinct,
  Ne dit pas et j'ignore
Quel est dans ce cloître le saint
  Que la recluse adore;
Mais les bons cœurs le béniront
Mais les chrétiens qui me liront
    Dirent :
Oh! oh! oh! oh! ah! ah! ah! ah!
Quel joli couvent c'était là,
    La la!

VIVE LA BEAUTÉ

Dès l'aurore quand pour boire
Adam Billaut se levait,
Un baiser rend la mémoire

LE MYOSOTIS

A ma Suzon qui rêvait;
Dans ses bras, heureux esclave,
Je dis au vieux chansonnier :
Tu peux descendre à la cave,
Moi, je suis bien au grenier.

Vous dont le cœur bat au ventre,
Chantez Bacchus et Comus;
Pour moi, s'il faut opter entre
Les divinités en *us*,
Dieux gourmands, je vous néglige,
Et suivant un rit plus beau,
C'est à Vénus Callypige
Que je dis : *Introïbo*.

L'Alcoran, que je révère,
Traite le vin de poison :
Le vin noie au fond d'un verre
L'amour comme la raison.
L'infortuné, qu'il enivre,
Chancelle en parlant d'amour;
Fi donc! l'amant qui sait vivre
Ne doit tomber qu'à son tour.

Tout votre or devient potable,

Et bien souvent au dessert,
Gourmands, vous quittez la table
Comme on quitte un tapis vert.
Prodiguez : je suis avare,
Et le soir, quand je m'endors,
Pour que rien ne m'en sépare,
J'ai la main sur mes trésors.

Sur les genoux de ma belle
Je dîne, et, pour un amant,
Cette méthode nouvelle
Offre plus d'un agrément.
A l'étiquette on échappe,
Puis, à la fin du repas,
On n'a qu'à lever la nappe,
Et l'on met la table à bas.

En vain un docteur morose
Me dit : Jouir c'est vieillir;
Une guêpe est dans la rose,
Prends des gants pour la cueillir.
Au hasard je marche et j'aime,
Aventureux pèlerin;
Vive la beauté *quand même!*
Sera toujours mon refrain.

L'AMANT TIMIDE

A seize ans, pauvre et timide
Devant les plus frais appas,
Le cœur battant, l'œil humide,
Je voulais et n'osais pas,
Et je priais, et sans cesse
Je répétais dans mes vœux :
« Jésus ! rien qu'une maîtresse,
Rien qu'une maîtresse... ou deux ! »

Lors une beauté, qui daigne
M'agacer d'un air moqueur,
Me dit : « Enfant, ton cœur saigne,
Et j'ai pitié de ton cœur.
Pour te guérir quel dictame
Faut-il donc, pauvre amoureux ?
— Oh ! rien qu'un baiser, madame !
Oh ! rien qu'un baiser... ou deux !... »

Puis le beau docteur, qui raille,
Me tâte le pouls, et moi,
En façon de représaille,
Je tâte je ne sais quoi !
« Où vont ces lèvres de flamme ?
Où vont ces doigts curieux ?
— Puisque j'en tiens un, madame,
Laissez-moi prendre les deux. »

La coquette sans alarmes
Rit si bien de mon amour,
Que j'eus à baiser des larmes
Quand je riais à mon tour.
Elle sanglote et se pâme :
« Qu'avons-nous fait là, grands dieux ?
— Oh ! rien qu'un enfant, madame.
Oh ! rien qu'un enfant... ou deux ! »

LES

JEUX DE L'AMOUR ET DU HASARD

Quoi ! vous qui demeuriez sans voix
Devant un couplet trop grivois,
Vous si prude, mademoiselle,
C'est vous qui me donnez... Ah ! Dieu !
Peut-on tricher à si beau jeu ?
  J'ai gagné la...
  La prime à ce jeu-là,
Et pourtant Rose est presque fidèle.

L'un de mes frères les rimeurs
M'aurait-il soufflé ses primeurs ?
Il n'est plus de muse pucelle,
Et les bois du Pinde, malsains,
Mènent tout droit aux Capucins.
  J'ai gagné, etc.

Apprenant que Châtel dort mal
Dans son grenier pontifical,
Par pure obligeance aurait-elle
Accepté l'honneur hasardeux
D'être papesse une heure ou deux?
    J'ai gagné, etc.

Feu mon curé, plein d'onction,
En un vase d'élection
Vint-il exprès changer ma belle,
Pour que Satan, son héritier,
Se brûlât dans un bénitier?
    J'ai gagné, etc.

Mais non : Rose voit de travers
Les marchands de prose et de vers,
Les dieux de facture nouvelle;
Et quant au goût du tonsuré,
Trois lycéens m'ont rassuré.
    J'ai gagné, etc.

Fermons les yeux, pour cent raisons;
S'il le faut même, supposons
Quelque ange ou diable amoureux d'elle.
Amants chrétiens, imitez-moi :

Pour vivre en paix ayez la foi.
J'ai gagné la...
La prime à ce jeu-là,
Et pourtant Rose est presque fidèle.

CHANSON PATRIOTIQUE

DES DANSEUSES DE L'OPÉRA

Pour fêter l'anniversaire de la Révolution de Juillet.

De politique *et cætera*
   S'occupant après boire,
Les dames du grand Opéra
   Hier chantait : Victoire !
   A s'émanciper aussi
   Les Amours ont réussi :
   Aux marchands de lorgnettes
Juillet du moins a profité.
   Vivent les pirouettes !
   Vive la liberté !

Devant des galbes et des nus,
    Tartufe, qui s'indigne,
Dans nos jardins coiffait Vénus
    D'une feuille de vigne :
    Il eût, sans des jours meilleurs.
. . . .
    Aux marchands de lorgnettes
Juillet du moins a profité.
    Vivent les pirouettes!
    Vive la liberté!

Consolez-vous, gens maladroits,
    D'être vainqueurs et dupes :
Si là-bas on rogne vos droits,
    On rogne ici nos jupes.
    Votre étendard, vieux haillon,
    Vaut-il un frais cotillon?
    Aux marchands de lorgnettes
Juillet du moins a profité.
    Vivent les pirouettes!
    Vive la liberté!

Contre nous, sans nous effrayer
    Caton crie au scandale,
Et la Chambre veut nous rayer

De son budget vandale,
Que de pantins il paira
Même ailleurs qu'à l'Opéra!
Aux marchands de lorgnettes
Juillet du moins a profité.
Vivent les pirouettes!
Vive la liberté!

Au duc, soucieux et rêvant,
La sylphide coquette,
Flic flac, dit en jetant au vent
Les plis de sa jaquette;
Vous qui pleurez Charles dix,
Riez donc : voilà des lis !
Aux marchands de lorgnettes
Juillet du moins a profité.
Vivent les pirouettes!
Vive la liberté !

Vous qui sabrez, tambour battant,
Les émeutes civiles,
A nous, bourgeois : vous aimez tant
Les victoires faciles!
Tuer est charmant : d'accord;
Mais peupler vaut mieux encor.

Aux marchands de lorgnettes
Juillet du moins a profité.
    Vivent les pirouettes!
    Vive la liberté!

Républicains, ayez de l'or,
    Vous aurez des prêtresses;
Nous nous sentons d'humeur encor
    A devenir déesses.
    Vos aînés, francs étourdis,
    Ont vécu : *De profundis.*
    Aux marchands de lorgnettes
Juillet du moins a profité.
    Vivent les pirouettes!
    Vive la liberté!

L'ÉCOLIÈRE

Approchez, aimable écolière,
Vous qui fûtes maîtresse un jour;
Approchez, et, moins familière
Avec Lhomond qu'avec l'amour,

Instruisez-vous : chacun son tour.
Mais, par un doux air de folie,
Grand Dieu! comme elle est embellie.
Finissez, Rose, finissez :
Est-ce l'instant d'être jolie?
Finissez, Rose, finissez,
Je suis le maître, obéissez.

Quoi! vous épelez, incertaine,
Même un chapitre de roman;
Attendez-vous la soixantaine
Pour savoir lire couramment
Les petits vers de votre amant?
Mais que demande ce sourire?
Pourquoi ce bras nu qui m'attire?
Finissez, Rose, finissez :
Est-ce dans mes yeux qu'il faut lire?
Finissez, Rose, finissez.
Je suis le maître, obéissez.

La grammaire vous effarouche,
Et j'entends rire à mon côté
Lorsque les S dans votre bouche
Usurpent la place des T :
Quel soufflet pour ma vanité!

Mais cette bouche que j'accuse
Veut se défendre par la ruse.
Finissez, Rose, finissez :
Un baiser n'est pas une excuse.
Finissez, Rose, finissez :
Je suis le maître, obéissez.

Hélas! elle est encor maîtresse;
Le livre échappe de sa main :
Il tombe et s'effeuille... Ah! traîtresse,
Vous le foulez avec dédain!
Vous triomphez, mais c'est en vain.
Ne pas céder est mon système :
Passons au chapitre deuxième.
Vite, vite, recommencez,
(Dût la leçon finir de même!)
Vite, vite, recommencez :
Je suis le maître, obéissez.

BÉRANGER

Il dort sous des ombrages verts,
Quand la liberté le rappelle :
Il dort, le poëte, infidèle
A ces captifs qui, dans les fers,
Attendaient l'aumône d'un vers.
Et pas de lyres qui les plaignent,
Pas un Blondel pour soulager
Tous ces *Cœurs-de-Lion* qui saignent!...
Ah Dieu! si j'étais Béranger!

Au Luxembourg, mon vers vengeur
Irait frappant de stalle en stalle,
Et sa chiquenaude brutale
Au front d'airain du vieux jugeur
Ferait connaître la rougeur.
Je saurais dégoûter, j'espère,
Et Perrin-Dandin de juger,
Et Petit-Jean d'être compère...
Ah Dieu! si j'étais Béranger!

Je consolerais les Amours :
De la beauté j'ai vu les larmes
Couler sur des gants de gendarmes,
Et sa plainte tomber toujours
Sur des cœurs et des barreaux sourds.
Triste, en rêvant au long martyre
Qu'on lui défend de partager,
Lisette a perdu son sourire...
Ah Dieu ! si j'étais Béranger !

L'avenir est si beau là-bas !...
A des chants d'espoir tout l'engage.
A-t-il remis sa *montre en gage*,
Le poëte ? et ne sait-il pas
Combien le temps a fait de pas ?
Pour montrer du doigt sur la rive,
Au siècle qui va naufrager,
Les fleurs dont le parfum m'arrive,
Ah Dieu ! si j'étais Béranger !

Lui-même a vingt fois en chantant
Bravé les bêtes du prétoire ;
De dormir avant la victoire,
Après avoir guerroyé tant,
Il a droit, sans doute, et pourtant...

Il faut, viennent les représailles,
Vienne un Juillet ou l'étranger,
Un Tyrtée aux champs de batailles!...
Ah Dieu! si j'étais Béranger!

1835.

LA MUSE

Nymphe, qui guettes au passage
L'écolier du pays latin,
Assez laide pour être sage,
Quel mauvais sort te fit catin?
Hélas! répond, un peu confuse,
La courtisane au bas crotté,
Vous voyez une pauvre Muse;
Soyez heureux par charité!

Ne riez pas, oui, de la Loire
J'égalais presque la Sapho;
J'étais gentille, et l'auditoire,
Lorgnette en main, criait *bravo*.

D'un gros garçon et d'un poëme
J'enrichis la postérité.
Entre nous, le père est le même ;
Soyez heureux par charité !

A Paris, un journaliste ivre
Prôna mes vers qu'il ne lut pas,
Ce monsieur, pour juger mon livre,
Avait feuilleté mes appas.
Quand, d'une main, le bon apôtre
Brochait l'article à mon côté,
Dieu sait ce qu'il faisait de l'autre !...
Soyez heureux par charité !

Dans les salons je fus admise,
Mes conquêtes ont fait du bruit :
J'ai vu Lamartine en chemise
Et Byron en bonnet de nuit.
Sur mon sein traçant une épître,
En le baisant ils l'ont chanté.
Je mets en vente leur pupitre.
Soyez heureux par charité !

Mais survint une maladie,
Adieu la gloire, adieu l'amour !

Il fallut tomber, enlaidie,
De lord Byron à lord Seymour.
Je n'ai d'autre espoir que l'hospice,
Sauf un roman frais édité.
Pauvre Muse! Dieu te bénisse!
Soyez heureux par charité!

LE TOCSIN

Un peu d'or, je ne sais comment,
    Du ciel me tombe, et vite
A manger mon avoir gaîment,
    Amis, je vous invite.
Accourez à ce gai tintin
Tintin, tintin, tintin, rlintintin,
Accourez à ce gai tintin
    Tintin : c'est le tocsin!

C'est le tocsin, et dans Paris
    Sitôt qu'il nous rassemble,
Gendarmes, fillettes, maris,

Pour cent raisons tout tremble.
Gisquet y perdra son latin
Tintin, tintin, tintin, rlintintin,
Gisquet y perdra son latin
   Tintin : c'est le tocsin !

A sac les cabarets ! à sac !
   Écoliers, en besogne !
Comme au bon temps des Armagnac,
   Le mot d'ordre est *Bourgogne ;*
On peut y joindre *Chambertin*
Tintin, tintin, tintin, rlintintin,
On peut y joindre *Chambertin*
   Tintin : c'est le tocsin !

Puis, faisons l'amour en passant :
   Sur le cœur d'une femme
Ce son magique est tout-puissant
Comme : *Ouvre-toi, Sézame.*
Tout va flamber : punch et catin
Tintin, tintin, tintin, rlintintin,
Tout va flamber : punch et catin
   Tintin : c'est le tocsin !

Il faut des Midas au pouvoir

Chatouiller les oreilles :
Pour le charivari du soir
Vidons trente bouteilles :
Insurgeons le pays latin
Tintin, tintin, tintin, rlintintin,
Insurgeons le pays latin
Tintin : c'est le tocsin !

J'ai, pour vous pousser aux combats,
De l'éloquence en poche,
Et si quelque diable n'a pas,
Avant, fondu la cloche,
Je sonnerai jusqu'au matin
Tintin, tintin, tintin, rlintintin,
Je sonnerai jusqu'au matin
Tintin : c'est le tocsin !

SOUVENIRS D'ENFANCE

Après dix ans je vous revois,
Vous, que j'aimai toute petite ;
Oui, voilà bien les yeux, la voix

Et le bon cœur de Marguerite.
Vous m'avez dit : « Rajeunissons
Ces souvenirs pleins d'innocence. »
Ah! j'y consens, recommençons
Un des beaux jours de notre enfance.

Comme ils sont loin ces jours si beaux!
Gais enfants que le jeu rassemble,
En souliers fins, en gros sabots,
Sur l'herbe nous courions ensemble.
Dans la vie, où nous avançons,
Nous ne marchons plus qu'à distance.
Ah! j'y consens, recommençons
Un des beaux jours de notre enfance.

Pauvre ignorant, vous m'instruisiez
Avec une peine infinie;
Plus d'une fois, lorsqu'à vos pieds
J'épelais *Paul et Virginie*,
Je fus distrait à vos leçons,
Pour y rester en pénitence :
Ah! j'y consens, recommençons
Un des beaux jours de notre enfance.

Quoi! je chante et pas un souris,

Pas un regard qui m'applaudisse !
Autrefois, quand je vous appris
L'air dont m'a bercé ma nourrice,
Un baiser fut de mes chansons
Le refrain et la récompense :
Ah ! j'y consens, recommençons
Un des beaux jours de notre enfance.

LA FAUVETTE DU CALVAIRE

FABLIAU NORMAND

Aux amis de M. M***, qui me conseillaient de lui rendre visite pour le consoler d'un grand malheur.

Oh ! non, je n'irai pas, sous son toit solitaire,
Troubler ce juste en pleurs par le bruit de mes pas ;
Car il est, voyez-vous, de grands deuils sur la terre,
Devant qui l'amitié doit prier et se taire :
    Oh ! non, je n'irai pas.

Lorsque de ses douleurs le blond fils de Marie,

Mourant, réjouissait Sion et Samarie,
      Hérode, Pilate et l'enfer ;
Son agonie émut d'une pitié profonde
Les anges dans le ciel, les femmes en ce monde
      Et les petits oiseaux dans l'air.

Et, sur le Golgotha noir du peuple infidèle,
      Quand les vautours, à grand bruit d'aile,
      Flairant la mort, volaient en rond ;
Sortant d'un bois en fleur au pied de la colline,
      Une fauvette pèlerine
Pour consoler Jésus se posa sur son front.

Oubliant pour la Croix son doux nid sur la branche,
Elle chantait, pleurait et piétinait en vain,
Et de son bec pieux mordait l'épine blanche,
      Vermeille, hélas ! du sang divin :
      Et l'ironique diadème
Pesait plus douloureux au front du moribond,
Et Jésus, souriant d'un sourire suprême,
      Dit à la fauvette : A quoi bon ?...

A quoi bon te rougir aux blessures divines ?
Aux clous du saint gibet à quoi bon t'écorcher ?
Il est, petit oiseau, des maux et des épines

Que du front et du cœur on ne peut arracher.

La tempête qui m'environne
Jette au vent ta plume et ta voix,
Et ton stérile effort, au poids de ma couronne,
Sans même l'effeuiller ajoute un nouveau poids.

La fauvette comprit, et, déployant son aile,
Au perchoir épineux déchirée à moitié,
Dans son nid, que berçait la branche maternelle,
Courut ensevelir ses chants et sa pitié.

Oh! non, je n'irai pas, sous ce toit solitaire,
Troubler ce juste en pleurs par le bruit de mes pas;
Car il est, voyez-vous, de grands deuils sur la terre,
Devant qui l'amitié doit prier et se taire;
Oh! non, je n'irai pas.

A UN AUTEUR HERMAPHRODITE

Fée ou démon, magicienne ou sorcier,
Je te maudis de grand cœur et pour cause :

Depuis hier je suis ton créancier.
Quand j'implorais un sourire de Rose,
La pauvre enfant sanglotait sur ta prose ;
Elle y perdit un bon quart d'heure, et moi,
Mille baisers, baisers de bon aloi,
Baisers sonnants... Adonc, Muse immortelle,
En t'acquittant, fais acte de vertu ;
Mille baisers sont une bagatelle ;
Tu me les dois : quand donc me paîras-tu?

LE JOLI COSTUME

Dans l'alcôve de ma voisine,
Un mardi gras, me réveillant,
Sous mes habits je vois Rosine
Qui se mirait en souriant :
A sa bouche un cigare fume ;
D'un grivois elle a le maintien :
  Oh ! qu'*elle* est bien !
  Oh ! qu'*il* est bien !
Beau masque, à ce joli costume

Pour mon bonheur ne change rien.

Je comprends que d'un jeune esclave
Virgile ait soupiré le nom ;
Je comprends les mœurs du conclave
Et les soupers d'Anacréon.
Mais son Bathyle, je présume,
Aurait pâli rival du mien :
  Oh ! qu'*elle* est bien !
  Oh ! qu'*il* est bien !
Beau masque, à ce joli costume
Pour mon bonheur ne change rien.

Mais, sur une tête mignonne,
Enfant, ce chapeau doit peser.
Les cheveux noirs qu'il emprisonne
Hier appelaient le baiser.
Laisse-les suivant ta coutume,
Flotter sans voile et sans lien :
  Oh ! qu'*elle* est bien !
  Oh ! qu'*il* est bien !
Beau masque, à ce joli costume
Pour mon bonheur ne change rien.

Grâce pour deux captifs encore !

Oui, foule aux pieds ce frac étroit.
En vain, sur la vitre sonore,
L'aquilon souffle humide et froid :
Mon cœur, que le désir consume,
Palpitera chaud près du tien :
    Oh! qu'*elle* est bien!
    Oh! qu'*il* est bien!
Beau masque, à ce joli costume
Pour mon bonheur ne change rien.

Et je poursuis, et la fillette,
Riant toujours, toujours cédant,
Se voit réduite à la toilette
Qui parait Ève aux yeux d'Adam.
Trésor à trésor, sur la plume,
Je puis recompter tout mon bien :
    Oh! qu'*elle* est bien!
    Oh! qu'*il* est bien!
Beau masque, à ce joli costume
Pour mon bonheur ne change rien.

A JEAN DE PARIS

Improvisé à une représentation de Don Juan.

Jean de Paris, bravo! radieux dans ta loge,
Prodigue à ton patron des sourires d'éloge ;
Tu peux battre des mains à ses prouesses, mais
L'imiter, rarement, le comprendre, jamais.
L'escrime fatigua tes mains inoccupées;
Ton pistolet au tir abattit cent poupées,
Par ta canne dansante un enfant effleuré
Pleure, et tu le tueras parce qu'il a pleuré;
Et tu diras, le soir, froissant un corps de femme :
« Es-tu content de moi, don Juan, mon maître? » Infâme!
Non, tu n'es pas don Juan; car don Juan, le maudit,
A l'œil émerveillé comme un spectre grandit.
Auprès de ce géant tu n'as pas une toise;
Il venait de l'enfer, toi tu viens de... Pontoise.
Il chantait, il raillait, et toi, tu n'es qu'un sot
Qu'on peut tuer d'un vers, et bâillonner d'un mot.

C'était un oiseleur qui, d'un coup de résille,
Attrapait Elvira, Léonor, Inésille,
Papillons qu'au Prado le soir voyait courir,
Si frêles qu'un baiser trop lourd les fit mourir,
Et si beaux qu'on aurait enrichi vingt chapelles
Avec la poudre d'or que secouaient leurs ailes.
Convoitait-il un ange aux cheveux noirs ou blonds,
Son échelle de soie avait tant d'échelons
Qu'il eût, de cieux en cieux, pu monter, je parie,
Pour baiser les pieds nus de la vierge Marie.
Si la foudre eût bougé, prêt à tous les combats,
A la vieille grondeuse il aurait dit : Plus bas!
Par une corde à puits te hissant aux gouttières,
Toi, tu vas dénicher des filles de portières;
Auprès de la beauté qui te doit sa pâleur,
La duègne, qui plaida ta cause avec chaleur,
Ne froisse étincelants ni missel ni rosaire,
A des haillons pour mante, et pour nom : la Misère.
L'oiseau dans tes filets ne tomba pas vaincu
A l'appel de ton chant, mais au son d'un écu.
Tu n'as rien, fils du nord, de ce sang qui pétilla
Sous un regard de femme, au soleil de Castille;
Sang créateur des Cids, qui plus tard même a pu
Produire encor des Juans, lorsqu'il s'est corrompu.
Le peuple, ivre de faim, qui ronfle au coin des bornes,

LE MYOSOTIS

Quand le taureau royal le pique de ses cornes,
Se réveillant d'un bond du lourd sommeil qu'il dort
Lui du moins sait combattre en beau toréador.
Mais toi!... soulève encor des bruits de Bacchanales;
Essuie encor du sang à des gorges vénales;
Crève encor des chevaux, blesse encor des maris;
Tu ne seras jamais rien... que Jean de Paris.

Oh! si le plébéien que ton pistolet tue
Sur sa fosse à Clamart revivait en statue,
Et qu'au son de minuit, quand meurt le gaz tremblant,
Quittant son piédestal, l'homme de marbre blanc,
Dans le sombre café que ta visite honore,
Allongeait ses pas lourds sur la dalle sonore;
Pour te marquer au front d'un signe flétrissant,
Il n'aurait pas trempé son index dans le sang;
Non, mais ses doigts de pierre, en souffletant ta joue,
Y laisseraient empreinte une tache de boue,
Large, noire, et sa voix tonnerait en ces mots :
« Ton enfer n'est pas prêt, lâche auteur de mes maux...
» Vis : Dieu te couvre encor d'un mépris débonnaire;
» Tu ne dois pas mourir par un coup de tonnerre :
» Sous le poids du mépris, vieux sans avoir vécu,
» Tu mourras... tu mourras d'un coup de...! »

SURGITE MORTUI

Couplets chantés à un déjeuner dont tous les convives
avaient tenté ou médité le suicide.

Vous, qui mourez à tout propos
    Et six fois par semaine,
    Çà reprenez haleine :
Le dimanche est jour de repos.
      Sortis de terre
      Par un mystère,
Morts, buvons frais : le suicide altère;
    Déjeunons encor, puis mourons...
    Mourons de rire, ou bien courons
Nous pendre ailleurs... à des bras blancs et ronds.
    Surgite, pour me suivre,
    Mortui, qu'on s'enivre;
Le verre en main, essayons de revivre !

Bien qu'aux mansardes logés tous,
    L'Esp'rance nous reste;

Habitante céleste,
De plain pied elle entre chez nous,
Sous la tutelle
De l'immortelle
Marchons unis : Encore un jour, dit-elle ;
Demain les roses fleuriront,
Demain les vignes mûriront,
Demain vos Christs du tombeau sortiront.
Surgite, pour me suivre,
Mortui, qu'on s'enivre ;
Le verre en main, essayons de revivre !

Roucoulant d'amour sur un toit,
Vrai cœur de tourterelle,
Quand tu mourais pour elle,
Ami, Claire vivait pour toi :
Magicienne,
Aérienne,
De sa fenêtre elle lorgnait la tienne,
Et par les fentes du volet,
Vers ton front sous le pistolet
De ses doigts blancs un baiser s'envolait.
Surgite, pour me suivre,
Mortui, qu'on s'enivre ;
Le verre en main, essayons de revivre !

Point de blasphèmes : autant vaut
Aboyer à la lune;
La Gloire et la Fortune
On fait leurs nids d'aigle bien haut;
Mais en campagne
Sur la montagne,
Jeunes chasseurs, si le sommeil vous gagne,
Qu'au voisin glacé par le vent
Un camarade bon vivant
Tende sa gourde et répète : En avant!
Surgite, pour me suivre,
Mortui, qu'on s'enivre;
Le verre en main, essayons de revivre!

J'ai quelque droit, vous le sentez,
De prêcher sur ce thème :
J'en suis au quatrième
De mes suicides tentés.
En vain je blâme
Ce siècle infâme;
En vain cent fois j'ai dit : *Partez, mon âme!*
Que Dieu seul la pousse dehors;
Rose y tient : je garde mon corps;
Ses jolis yeux font revenir les morts.
Surgite, pour me suivre,

Mortui, qu'on s'enivre ;
Le verre en main, essayons de revivre !

Suicide, monstre odieux,
  Devant notre eau bénite
  Rentre aux enfers bien vite...
Mais il vient et sur nous, grands dieux !
   Frelon morose,
   Il se repose :
Pour le chasser prenons le schall de Rose.
  Les enfants nés dans ce repas
  D'une rasade et d'un faux pas
Vivront cent ans, et ne se tueront pas !...
  Surgite, pour me suivre,
  Mortui, qu'on s'enivre ;
Le verre en main, essayons de revivre !

LE DERNIER JOUR

J'ai dit souvent : Dieu confonde
Ce monde et tout avec lui !

Mais, quand de ce pauvre monde
Le jour suprême aura lui,
Changeant de ton dès l'aurore,
Je dirai, j'en fais l'aveu :
Pauvre globe, tourne encore,
Tourne, tourne encore un peu.

A cette heure épouvantable,
Tous vos hôtels trembleront,
Riches; et de votre table
Bien des miettes tomberont.
Affamés, qu'on se restaure !
Dirai-je, et trinquons, morbleu !
Pauvre globe, etc.

L'effroi que ce jour fait naître
(Et pour ma part j'en ris bien)
Empêche de reconnaître
Son lit, sa femme et son bien.
Plus de bourgeois matamore,
Plus d'huissiers ! le Code au feu !
Pauvre globe, etc.

Le vieux soleil file, file,
Et s'éteint dans le brouillard :

Allons, truands, par la ville
Jouer à colin-maillard.
Tremblez, Rose, Hortense, Laure;
J'ai la main heureuse au jeu.
Pauvre globe, etc.

Et vite, chez la reinette
Dont un soir je fus épris,
Allons de ma chansonnette
Réclamer gaîment le prix.
Aux appas qu'en vers j'adore
Allons dire en prose adieu.
Pauvre globe, etc.

Puis à mon hôte Grégoire
Répétons, le verre en main :
N'ayez souci du mémoire,
J'attends mon père demain.
Car qui m'a fait? Je l'ignore.
Mon *Credo* dit que c'est Dieu.
Pauvre globe, etc.

Je fredonnais de la sorte,
Dormant, rêvant à demi,
Quand tout à coup à ma porte

Retentit un pas ami.
Avril en fleur vient d'éclore,
Mes vitres ont un ciel bleu :
Pauvre globe, tourne encore,
Tourne, tourne encore un peu.

LES 5 ET 6 JUIN 1832

CHANT FUNÈBRE

Ils sont tous morts, morts en héros,
Et le désespoir est sans armes;
Du moins, en face des bourreaux
Ayons le courage des larmes!

Ces enfants qu'on croyait bercer
Avec le hochet tricolore
Disaient tout bas : Il faut presser
L'avenir paresseux d'éclore;
Quoi! nous retomberions vainqueurs
Dans les filets de l'esclavage!
Hélas! pour foudroyer trois fleurs

Fallait-il donc trois jours d'orage?

Ils sont tous morts, morts en héros,
Et le désespoir est sans armes;
Du moins, en face des bourreaux
Ayons le courage des larmes!

Le peuple, ouvrant les yeux enfin,
Murmurait : On trahit ma cause;
Un roi s'engraisse de ma faim
Au Louvre, que mon sang arrose;
Moi, dont les pieds nus foulaient l'or,
Moi, dont la main brisait un trône,
Quand elle peut combattre encor,
Irai-je la tendre à l'aumône?

Ils sont tous morts, morts en héros,
Et le désespoir est sans armes;
Du moins, en face des bourreaux
Ayons le courage des larmes!

La liberté pleurait celui
Qu'elle inspira si bien naguère;
Mais un fer sacrilége a lui,
Et l'ombre pousse un cri de guerre :

Guerre et mort aux profanateurs !
Sur eux le sang versé retombe,
Et les Français gladiateurs
S'égorgent devant une tombe.

Ils sont tous morts, morts en héros,
Et le désespoir est sans armes ;
Du moins, en face des bourreaux
Ayons le courage des larmes !

Alors le bataillon sacré
Surgit de la foule, et tout tremble ;
Mais contre eux Paris égaré
Leva ses mille bras ensemble.
On prêta, pour frapper leur sein,
Des poignards à la tyrannie,
Et les derniers coups du tocsin
N'ont sonné que leur agonie.

Ils sont tous morts, morts en héros,
Et le désespoir est sans armes ;
Du moins, en face des bourreaux
Ayons le courage des larmes !

Non, non, ils ne s'égaraient pas

Vers un avenir illusoire :
Ils ont prouvé par leur trépas
Qu'aux Décius on pouvait croire.
O ma patrie ! ô liberté !
Quel réveil, quand sur nos frontières
La République aurait jeté
Ce faisceau de troupes guerrières !

Ils sont tous morts, morts en héros,
Et le désespoir est sans armes ;
Du moins, en face des bourreaux
Ayons le courage des larmes !

Sous le dôme du Panthéon,
Vous qui rêviez au Capitole,
Enfants, que l'appel du canon
Fit bondir des bancs d'une école,
Au toit qui reçut vos adieux
Que les douleurs seront amères,
Lorsque d'un triomphe odieux
Le bruit éveillera vos mères !

Ils sont tous morts, morts en héros,
Et le désespoir est sans armes ;
Du moins, en face des bourreaux

Ayons le courage des larmes.

On insulte à ce qui n'est plus,
Et moi seul j'ose vous défendre :
Ah! si nous les avions vaincus,
Ceux qui crachent sur votre cendre,
Les lâches, ils viendraient, absous
Par leur défaite expiatoire,
Sur votre cercueil à genoux,
Demander grâce à la victoire.

Ils sont tous morts, morts en héros,
Et le désespoir est sans armes;
Du moins, en face des bourreaux
Ayons le courage des larmes!

Martyrs, à vos hymnes mourants
Je prêtais une oreille avide;
Vous périssiez, et dans vos rangs
La place d'un frère était vide.
Mais nous ne formions qu'un concert,
Et nous chantions tous la patrie,
Moi sur la couche de Gilbert[1],

---

1. Voir page 104.

Vous sur l'échafaud de Borie.

Ils sont tous morts, morts en héros,
Et le désespoir est sans armes ;
Du moins, en face des bourreaux
Ayons le courage des larmes!

MIL HUIT CENT TRENTE-SIX

> « Tu ne tueras pas! »
> (*Décalogue.*)

Dieu l'ordonne, et je vous en prie,
Moi qui vais chantant sur vos pas,
Même pour sauver la patrie,
O mes frères, ne tuez pas!
Quand cette arme qui fume encore
A tonné, mon vers tricolore
Recula soudain blanc d'effroi ;
Ma pitié devint du délire,
Et, reniant ses dieux, ma lyre
A murmuré : Vive le roi!

Quand un jury tue, à la face
Si nous lui jetons le remord ;
Si du code rouge on efface
Par degrés la phrase de mort,
A Thémis, tant de fois trompée,
Si l'on veut arracher l'épée
Où pendent des gouttes de sang ;
Ce n'est pas pour que, dans la rue,
Le fer justicier tombe et tue,
Ramassé par vous en passant.

Dans le palais, aux jours d'alarme,
Regardez : ne voyez-vous rien,
Rien, que le sabre du gendarme
Ou du marchand prétorien ?
Oh ! quoi qu'ait prêché dans ce livre,
Dont le parfum de sang enivre,
Saint-Just, l'apôtre montagnard,
Enfants, la morale éternelle
Au seuil des rois fait sentinelle
Pour en écarter le poignard.

Forgeron, laisse sur l'enclume
Le fer vengeur inachevé :
L'arme du siècle, c'est la plume,

Levier qu'Archimède a rêvé !
Écrivons : quand pour la patrie
La plume de fer veille et crie
Aux mains du talent indigné,
Rois, princes, valets, tout ensemble
S'émeut... et la plume d'or tremble
Devant l'arrêt qu'elle a signé...

Mais, bien que mon vers gronde et prêche,
Ne craignez pas pour votre ami
Une insulte à la fosse fraîche
Où vos sanglots l'ont endormi.
Laissant à l'esclave un tel rôle,
Je dirai, dût à ma parole
Un bruit de verrous retentir :
« Apôtres des sanglants systèmes,
» Nos cultes ne sont pas les mêmes,
» Mais vous comptez un beau martyr ! »

Et quel père n'a vu ses filles
Honorer de pleurs ingénus
Le jeune héros en guenilles,
Le beau patriote aux pieds nus ?
Il sauva des flots l'une d'elles,
Et leurs amours lui sont fidèles...

Donnez des lis, car il n'est plus!
Des lis, des pleurs, ô jeunes filles :
Car son sang tacha ses guenilles;
L'échafaud meurtrit ses pieds nus!

Jeune, et sans pain, sans fiancée,
Des rêves d'amour l'ont nourri,
Et l'ombre de Cymodocée
Au *Martyr* du peuple a souri.
Sous notre chêne populaire,
Que la sainte croix tumulaire
Prodigue l'ombre à son tombeau;
Si le Dieu chrétien qu'il adore
Le repousse en tonnant, Eudore
Prira Jésus pour Alibaud.

Hélas! de l'hymne funéraire
Qu'aujourd'hui j'abandonne au vent.
J'aurais voulu, mon noble frère,
Parer ton front, ton front vivant :
Tel, quand chaud de mille agonies,
Ankastroëm aux Gémonies
Roulait, on vit ou l'on crut voir,
Pour parfumer la claie infâme,
Des mains d'un ange ou d'une femme

Quelques brins de lauriers pleuvoir.

Gagnons les bourreaux de vitesse,
Disais-je, Alibaud va mourir :
Vers le Golgotha de Lutèce
Le char court : Muse, il faut courir.
Mais un vers me fuyait encore,
Et déjà du coteau sonore
Tombait ce cri : *Mort en héros !*
L'œuvre rivale était complète :
J'arrivais trop tard ; le poëte
Était vaincu par les bourreaux.

NICOLAS

Chanson à boire écrite sur la carte à payer d'un restaurateur.

Air : *Du Curé de Pomponer.*

Chez Nicolas, moi, je me plais,
 Malgré son air sévère.
Après boire au nez des valets
 Si l'on jette son verre,

Si l'on s'escrime avec les plats,
  Il gronde et veut qu'on parte :
Ne vous emportez pas,
    Nicolas ;
Mettez ça sur la carte.

Ce mot apaise en un moment
  Notre hôte qui s'effraie ;
Sous ce bon prince on a vraiment
  Les libertés qu'on paie.
Attable-t-on certains appas,
  Il gronde et veut qu'on parte :
Ne vous emportez pas,
    Nicolas ;
Mettez ça sur la carte.

Priant de ne pas l'oublier,
  Quand la gentille Rose
Voit chacun dans son tablier
  Lui glisser quelque chose,
. . . .
  Il gronde et veut qu'on parte :
Ne vous emportez pas,
    Nicolas ;
Mettez ça sur la carte.

LE MYOSOTIS

Si quelque vent, fort à propos
    Éteignant la chandelle,
Fait trébucher parmi les pots
    Son épouse fidèle,
Si de la nappe on fait des draps,
    Il gronde et veut qu'on parte :
    Ne vous emportez pas,
        Nicolas ;
    Mettez ça sur la carte.

Le pouvoir est de ses amis :
    Dans un coin de la salle
Il a vingt fois mis et remis
    Certain buste un peu sale.
Quand le plâtre vole en éclats,
    Il gronde et veut qu'on parte :
    Ne vous emportez pas,
        Nicolas ;
    Mettez ça sur la carte.

Nicolas, digne petit-fils
    De madame Grégoire,
Ton vin m'inspirait quand je fis
    Ces couplets à ta gloire.
Ton vin est bon, mes vers sont plats ;

Mais il faut que je parte :
Je te les offre, hélas !
Nicolas,
Pour acquitter la carte.

LES CROIX D'HONNEUR

Vieux chevalier, blanchis par tant d'exploits,
Sous vos haillons cachez bien votre croix.

Elle brillait d'un éclat fabuleux,
L'étoile sainte, aujourd'hui dérisoire,
Quand, pour parer des uniformes bleus,
Elle pendait aux mains de l'Homme-Gloire.

Vieux chevaliers, blanchis par tant d'exploits.
Sous vos haillons cachez bien votre croix.

A ce trésor, que son sang achetait,
Le mutilé, dont la mort était sûre,

Tendait, joyeux le bras qui lui restait,
Et de lauriers parfumait sa blessure.

Vieux chevaliers, blanchis par tant d'exploits,
Sous vos haillons cachez bien votre croix.

L'astre d'honneur, sous la tente, au forum,
Lançait toujours ses rayons au plus digne ;
Pour nos soldats ce nouveau labarum
Portait écrit : *Tu vaincras par ce signe !*

Vieux chevaliers, blanchis par tant d'exploits,
Sous vos haillons cachez bien votre croix.

J'ai vu, quinze ans, tous les pouvoirs moqueurs
Pour leurs valets en faire une livrée ;
J'ai vu, quinze ans, des poitrines sans cœurs
S'enfler d'orgueil sous l'étoile sacrée.

Vieux chevaliers, blanchis par tant d'exploits,
Sous vos haillons cachez bien votre croix.

Qu'ai-je dit? non : le peuple saura bien,
Vous séparant d'une ligue ennemie,
Au lâche esclave, au noble citoyen,

Tailler leur part de gloire ou d'infamie.

Vieux chevaliers, blanchis par tant d'exploits,
Sur vos haillons étalez votre croix.

A vous la honte, à vous, brillants valets !
Prévenez tous le grand jour de colère :
Pour que le feu consume vos brevets,
N'attendez pas la foudre populaire !

Et vous, guerriers, blanchis par tant d'exploits,
Sur vos haillons étalez votre croix.

L'ILE DES BOSSUS

CONTE-CHANSON

Dans le pays des bossus,
   Il faut l'être
   Ou le paraître :
Les dos plats sont mal reçus

Au pays des bossus.

Un jour, le vent moqueur y jette
Un puîné de Jean de Calais;
Jean débarque et prend sa lorgnette :
« Tudieu! que ces magots sont laids! »
 Et Jean, d'un air superbe,
  Les toise à chaque pas;
  Car il est un proverbe
  Que Jean ne connaît pas :

Dans le pays des bossus,
  Il faut l'être
  Ou le paraître :
Les dos plats sont mal reçus
 Au pays des bossus.

D'un air triomphant, il s'étale
Le soir aux Bouffes; mais soudain
Autour de lui, de stalle en stalle,
Bourdonne un rire de dédain.
 Maint faiseur d'épigramme
  Crie : A la porte! il va
  Faire avorter le drame
  Et la *dona diva*.

Dans le pays des bossus,
Il faut l'être
Ou le paraître :
Les dos plats sont mal reçus
Au pays des bossus.

Jean le comprit, et d'une haleine
Vite à son auberge il courut
Endosser deux bosses de laine ;
Puis dans le monde il reparut :
Et soudain chaque belle,
Prise à ce tour subtil,
Du beau Polichinelle
Voulut tenir le fil.

Dans le pays des bossus,
Il faut l'être
Ou le paraître :
Les dos plats sont mal reçus
Au pays des bossus.

Mainte vieille, à la dérobée,
Épuisa pour lui soins et fard ;
Mainte fois sa bosse est tombée
Aux pieds d'une autre Putiphar ;

Enfin, pouvant à peine
Suffire à son bonheur,
Jean d'une énorme reine
Fut... l'écuyer d'honneur.

Dans le pays des bossus,
    Il faut l'être
    Ou le paraître :
Les dos plats sont mal reçus
    Au pays des bossus.

Mais du roi Pouf il vit la fille ;
L'auguste enfant, des plus jolis,
Épouvantail de sa famille,
Avait poussé droit comme un lis.
    De ce côté sans cesse
    Jean soupire, et, vainqueur
    Aux pieds de la princesse
    Met sa bosse et son cœur.

Dans le pays des bossus,
    Il faut l'être
    Ou le paraître :
Les dos plats sont mal reçus
    Au pays des bossus.

Tous deux s'esquivent : bon voyage!
Puis en France ils vont saintement
Ajouter à leur mariage
La formule du sacrement.
 Bref, de sa double bosse,
 Inutile à Calais,
 Pour danser à la noce,
 Jean se fit des mollets.

 Dans le pays des bossus,
  Il faut l'être
  Ou le paraître :
 Les dos plats sont mal reçus
  Au pays des bossus.

Il eut un enfant, deux, trois, quatre,
Fut échevin et marguillier,
Vit des abus sans les combattre,
Écouta des sots sans bâiller.
 Et, vieux, de la jeunesse
 Devenu le Mentor,
 Au sortir de la messe
 Il fredonnait encor :

 Dans le pays des bossus,

Il faut l'être
Ou le paraître :
Les dos plats sont mal reçus
Au pays des bossus.

LA FERMIÈRE

ROMANCE

Étrennes à madame G***

Amour à la fermière ! elle est
  Si gentille et si douce !
C'est l'oiseau des bois qui se plaît
  Loin du bruit dans la mousse.
Vieux vagabond qui tends la main,
  Enfant pauvre et sans mère,
Puissiez-vous trouver en chemin
  La ferme et la fermière !

De l'escabeau vide au foyer
  Là le pauvre s'empare,
Et le grand bahut de noyer

Pour lui n'est point avare ;
C'est là qu'un jour je vins m'asseoir,
Les pieds blancs de poussière ;
Un jour... puis en marche ! et bonsoir
La ferme et la fermière !

Mon seul beau jour a dû finir,
Finir dès son aurore ;
Mais pour moi ce doux souvenir
Est du bonheur encore :
En fermant les yeux je revois
L'enclos plein de lumière,
La haie en fleur, le petit bois,
La ferme et la fermière !

Si Dieu, comme notre curé
Au prône le répète,
Paye un bienfait (même égaré),
Ah ! qu'il songe à ma dette !
Qu'il prodigue au vallon les fleurs,
La joie à la chaumière !
Et garde des vents et des pleurs
La ferme et la fermière.

Chaque hiver qu'un groupe d'enfants

A son fuseau sourie,
Comme les Anges aux fils blancs
De la Vierge Marie;
Que tous, par la main, pas à pas,
Guidant un petit frère,
Réjouissent de leurs ébats
La ferme et la fermière.

ENVOI

Ma Chansonnette, prends ton vol!
Tu n'es qu'un faible hommage;
Mais qu'en avril le rossignol
Chante et la dédommage.
Qu'effrayé par ses chants d'amour,
L'oiseau du cimetière
Longtemps, longtemps se taise pour
La ferme et la fermière!

Janvier 1836.

SI VOUS M'AIMIEZ

ROMANCE

Ménestrel, qui vais par le monde,
N'ayant rien que mon gai savoir,
Si vous m'aimiez, ô belle blonde,
Je me croirais un riche avoir;
Comme Pétrarque aux pieds de son idole,
A vos genoux courbé bien bas, bien bas,
J'oublierais tout, voire le Capitole,
Si vous m'aimiez... mais vous ne m'aimez pas.

Si vous m'aimiez, ô belle blonde,
De vos baisers seuls j'aurais faim,
Et, sourd à son voisin qui gronde,
Mon cœur s'enivrerait enfin;
Cœur mendiant, il va, de femme en femme,
Criant misère, et sans secours, hélas!
Le pauvret meurt : il renaîtrait, madame,
Si vous m'aimiez... mais vous ne m'aimez pas.

Et mes chansons fraîches écloses,
Au vent du matin et du soir,
Iraient à vous, comme les roses
Qui pleuvent devant l'ostensoir.
Purifiant l'air de Paris, madame,
Où vous iriez j'irais, et, sur vos pas,
Comme un parfum je brûlerais mon âme,
Si vous m'aimiez... mais vous ne m'aimez pas.

Sur vous, grand' dame que l'on flatte,
Un lorgnon d'or s'est promené,
Et par le nœud d'une cravate
Voilà votre cœur enchaîné.
D'un plus heureux que l'hommage vous plaise
Souriez-lui, marchez fière à son bras :
Son bras! demain je saurais ce qu'il pèse,
Si vous m'aimiez.. mais vous ne m'aimez pas.

A UNE DAME

Qui se plaignait de voir aux Tuileries sa chaise entourée de jeunes gens.

Blonde à l'œil bleu, lis tremblant sur sa tige,
Vous vous plaignez, lorsque, prenant l'éveil,
Autour de vous la jeunesse voltige
Comme un essaim qui bourdonne au soleil.
Plaignez un peu les jeunes cœurs sans nombre
En plein midi soupirant sur vos pas ;
Plaignez surtout ceux qui battent dans l'ombre,
    Belle, mais ne vous plaignez pas !

LES DEUX AMOURS

Pourquoi donc, jeune Laïs,
Rêveuse au bord de ma couche,

Sur mes amours au pays
M'interroger bouche à bouche?
J'ai, pour eux, dans nos déserts,
Chanté sur toutes les notes...
Mais, à propops de mes vers,
Faites donc vos papillotes.
Vous soupirez, et pourquoi?
    Riez vite!
    Ma petite :
Vous soupirez, et pourquoi?
Riez vite, et baisez-moi.

Un ange sut me charmer,
Un ange au cœur pur et tendre;
De loin, content de l'aimer,
De la voir et de l'entendre,
Je la suivais sans repos,
Et mes lèvres enfantines
Baisaient sa trace... A propos,
Délacez donc vos bottines.
Vous soupirez, et pourquoi?
    Riez vite,
    Ma petite :
Vous soupirez, et pourquoi?
Riez vite, et baisez-moi.

De sa bouche quand j'ai su
Obtenir enfin : Je t'aime !
Les mains jointes j'ai reçu
Son baiser comme un baptême ;
J'ai, le front sur ses genoux,
Prié des heures entières...
A propos, qu'attendez-vous ?
Otez donc vos jarretières.
Vous soupirez, et pourquoi ?
   Riez vite,
     Ma petite :
Vous soupirez, et pourquoi ?
Riez vite, et baisez-moi.

Oh ! si j'avais par hasard
Effleuré de mon haleine,
Profané de mon regard,
Son sein rond sous la baleine,
J'aurais dit cent fois : Pardon !
Moi, bâtard de Diogène...
A propos, débouclez donc
La ceinture qui nous gêne.
Vous soupirez, et pourquoi ?
   Riez vite,
     Ma petite :

LE MYOSOTIS

Vous soupirez, et pourquoi ?
Riez vite, et baisez-moi.

Ces beaux jours sont envolés :
Que le souvenir en meure !
Lorsque vous me consolez,
Peut-être qu'en sa demeure,
Hélas ! son oubli m'absout
De mon plaisir infidèle :
Amours purs, croyances, tout
S'éteint... soufflez la chandelle.
Vous soupirez, et pourquoi ?
 Riez vite,
  Ma petite :
Vous soupirez, et pourquoi ?
Riez vite, et baisez-moi.

LES CONTES

Orphelin, sous un ciel avare,
Radcliffe m'a donné son lait ;
Puis de la reine de Navarre,

Je devins amant et varlet.
Schérazade est ma favorite,
Et la nuit, rimeur ennuyé,
    Sur ma petite
    Couche d'ermite,
    Quand je m'agite,
    Si par pitié
La sultane entrait chez moi, vite
Elle en obtiendrait la moitié.

Je préfère un conte en novembre
Aux doux murmures du printemps.
Bons amis, qui peuplez ma chambre,
Parlez donc, j'écoute et j'attends :
Tombant des tréteaux de la foire,
Ou glissant du sopha des cours,
    Que votre histoire
    Soit blanche ou noire.
    Chante la gloire
    Ou les amours,
Vieil enfant, je promets d'y croire :
Contez, amis, contez toujours.

En tremblant, voilà qu'un beau page
A sa dame écrit ses douleurs ;

Il écrit, et sur chaque page
Répand moins de vers que de pleurs.
Pauvre Arthur! son teint frais se plombe;
Mais en roucoulant sous les tours,
    Tendre colombe,
    Quand il succombe,
    Un baiser tombe
    Sur ses yeux lourds;
Ce baiser l'enlève à la tombe...
— Contez, amis, contez toujours.

Pèlerin, dans l'hôtellerie,
Vois : de sang les draps sont tachés;
Aux trous de la tapisserie
Vois les yeux des brigands cachés.
Hélas! suffoqué par la crainte,
Contre eux il sanglote : Au secours!
    Mais minuit tinte!...
    De leur atteinte,
    O vierge sainte,
    Sauvez ses jours!
— Rallumons notre lampe éteinte,
Mes amis, et contez toujours.

Qui babille en cet oratoire?

Ce sont les nymphes d'un couvent,
Long chapelet aux grains d'ivoire
Que dévide un moine fervent;
Le jour en chaire il moralise;
Mais, sans bruit, au déclin des jours,
  Hors de l'église,
  Il catéchise
  Quelque Héloïse
  En jupons courts...
— Un instant, que j'embrasse Élise,
Mes amis, et contez toujours.

Ou bien, histoires plus charmantes,
Épanchons nos cœurs, et parlons
De nos sœurs et de nos amantes;
Parlons de cheveux noirs ou blonds.
Doux secrets que le monde ignore,
Allez, partez : les murs sont sourds.
  En vain l'aurore,
  Qui vient d'éclore,
  Brille et veut clore
  Nos longs discours :
Jusqu'à la nuit contons encore,
Jusqu'à demain contons toujours.

L'OISEAU QUE J'ATTENDS

ROMANCE

Les beaux soleils morts vont renaître,
Et voici déjà mille oiseaux
Pendant leur nid à la fenêtre,
Peuplant les bois, rasant les eaux.
Tous les matins un doux bruit d'ailes
Me réveille, et j'espère... hélas!
A mes carreaux, noirs d'hirondelles,
L'oiseau que j'attends ne vient pas.

L'ambition me fut connue,
Quand je vis l'aigle au large vol,
Un jour, contempler de la nue
Les insectes poudreux du sol;
Je vois à la tempête noire
L'aigle encor livrer des combats;

Je le vois sans rêver la gloire :
L'oiseau que j'attends ne vient pas.

Voici le rossignol, qui cueille
Un brin d'herbe pour se nourrir,
Puis se cache au bois sous la feuille
Pour chanter un jour, et mourir :
Il chante l'amour... Ironie !
Oiseau moqueur, chante plus bas;
Et qu'ai-je besoin d'harmonie ?
L'oiseau que j'attends ne vient pas.

Plus loin, le martinet des grèves,
Sur un beau lac d'azur et d'or,
Comme un poëte sur ses rêves,
Se berce, voltige et s'endort.
Dors et vole à ta fantaisie,
Heureux frère ; devant mes pas,
Moi, j'ai vu fuir la poésie :
L'oiseau que j'attends ne vient pas.

Arrive enfin, je t'en supplie,
Noir messager dont Dieu se sert ;
Corbeau qui, sur les pas d'Élie,
Émiettais du pain au désert.

Portant la part que Dieu m'a faite,
Arrive, il est temps...; mais, hélas!
Mort sans doute avec le prophète,
L'oiseau que j'attends ne vient pas.

LES CLOCHES

Par ma fenêtre s'est enfuie
L'Illusion, et pour jamais!
Doux rêves, adieu : je m'ennuie
Au son des cloches que j'aimais.
D'interpréter leur babillage,
Poëte, à seize ans j'eus le don.
Pour fêter le saint du village,
Les cloches disaient : Allons donc!
    Arrivez donc!
    Arrivez donc!
    Arrivez donc!

Mais je suis peu dévot, et même
Il me souvient d'avoir osé

Faire un gai repas en carême,
Repas d'amis bien arrosé.
Hommes de Dieu, point de reproches :
Il excuse un jour d'abandon ;
Puis... c'était la faute des cloches
Qui nous répétaient : Allons donc !
  Grisez-vous donc !
  Grisez-vous donc !
  Grisez-vous donc !

Quand je donnai mon cœur à celle
Qui n'en veut plus, et l'a toujours,
Le tocsin même et la crécelle
Parlaient aux vents de nos amours.
A l'ombre des bois, sur la mousse,
Rêvant mieux que sur l'édredon,
Nous entendions, de leur voix douce,
Les cloches nous dire : Allons donc !
  Aimez-vous donc !
  Aimez-vous donc !
  Aimez-vous donc !

Puis, j'arrivai, jeune et plein d'âme,
Dans la grand'ville en pèlerin ;
Le *Te Deum* de Notre-Dame

Alors berçait un souverain;
Mais à fêter sa bienvenue,
Quand on fatiguait le bourdon,
J'espérais, moi; car dans la nue
L'airain grommelait : Allons donc!
    Armez-vous donc!
    Armez-vous donc!
    Armez-vous donc!

Pour moi tes cloches, pauvre France,
N'ont plus un langage aussi clair;
D'amour, de gloire et d'espérance,
Pour moi, rien ne parle dans l'air.
Je n'entends, comme tout le monde,
Qu'un éternel drelin dindon.
Que la république vous fonde!
Cloches bavardes, allons donc!
    Taisez-vous donc!
    Taisez-vous donc!
    Taisez-vous donc!

LE REVENANT

J'ai lu Pythagore, et souvent
    Je me confie
    A sa philosophie.
Après la mort, son, flamme ou vent,
Chose légère comme avant,
J'aimerai ce que j'aime en vie :
Fuyons un corps que nul ne bénira,
Vers mon pays mon âme s'en ira.

Si, rêveuse après mon trépas,
    Vous, pleurez, Laure,
    Et visitez encore
Ces champs où croissaient sous nos pas
Des fleurs... que je ne voyais pas ;
A votre appel, sœur que j'adore,
Un feu follet en dansant vous suivra :
Pour vous aimer mon âme survivra.

Quand, sylphe joyeux des hivers,
　　Le punch bleuâtre
　　Danse et rit devant l'âtre;
　Amis, si vous chantez les vers
　Dont je parfumais vos desserts;
　　Tour à tour plaintif ou folâtre,
Sur la montagne un écho s'entendra
A vos chansons mon âme répondra.

Quand sonne enfin l'heure d'oser,
　　S'il vous arrive
　　Que la beauté craintive
　Essaie encore de refuser
　Et murmure sous le baiser;
　　Emportant sa plainte tardive,
Un vent complice entre elle et vous fuira
A vos amours mon âme sourira.

Je meurs! et pourtant, Liberté,
　　Tu nous appelles
　　A des fêtes nouvelles.
　Que ton chêne ressuscité,
　Sur ma fosse au moins soit planté!
　　Et chantant et battant des ailes,
De branche en branche une fauvette ira:

A ton réveil mon âme applaudira

J'ai lu Pythagore, et souvent
Je me confie
A sa philosophie.
Après la mort, son, flamme ou vent,
Chose légère comme avant,
J'aimerai ce que j'aime en vie :
Fuyant un corps que nul ne bénira,
Vers mon pays mon âme s'en ira.

BORDEAUX

ODE

A madame ***, de la Gironde.

Bordeaux, paradis de mes anges,
Olympe de mes dieux, Bordeaux,
J'irai te chanter des louanges,
La besace homérique au dos.

LE MYOSOTIS

Sur le grand chemin noir de pluie
Qu'un blanc rayon tombe et l'essuie,
Et demain, troubadour piéton,
Dans la haie aux grappes vermeilles,
Où dansent mes sœurs les abeilles,
Je veux me tailler un bâton.

Humble oiseau, ma voix tremble, il neige...
Belle veuve du beau Ducos,
Pour dire tes gloires, que n'ai-je
Un luth fécond en mille échos!
Vers ta rive, qu'il a choisie,
Tout mon fleuve de poésie
Bondirait, dévorant ses bords,
Et chaque vague, chaque rime,
Bordeaux, ferait le bruit sublime
Que fait l'Océan dans tes ports.

Aux grands poëtes, ce grand rôle.
Les pieds pendants au fil de l'eau,
Moi, j'aime à rêver sous un saule
Avec l'amante d'Othello;
Et pourtant, voici la semaine
Rouge d'une hécatombe humaine,
Rouge du sang de vingt héros,

Qui jetaient, fiers et sans murmures,
Leurs belles têtes demi-mûres
Dans la corbeille des bourreaux.

J'ai caché de la Muse antique
L'autel proscrit dans mon grenier.
Je suis un païen de l'Attique,
Comme Vergniaux et les Chénier.
Dans tes troupeaux à blanche laine,
O ma fermière châtelaine,
Laisse-moi choisir deux agneaux,
Deux agneaux noirs, car je veux faire
Un sacrifice funéraire
Aux mânes plaintifs de Vergniaux.

« Enfant, la Liberté momie
» De ton cœur vierge eut les primeurs;
» Tu crois ton amante endormie;
» Pauvre enfant, elle est morte... Meurs! »
Ainsi, dans leur funèbre ronde,
Les fantômes de ta Gironde
M'entraînaient lorsque je te vis.
Girondine, qui me répètes :
« J'aime à veiller sur les poëtes :
» Espère en moi, poëte, et vis. »

Du pain que chaque jour m'apporte,
C'est par toi que je me nourris;
C'est toi qui vas, de porte en porte,
Pour mes vers quêter un souris.
Contre moi si l'enfer se lève,
Sur le serpent tu mets comme Ève
Ton pied sacré, ton pied vainqueur.
Entre mes idoles jumelles,
Oh! viens donc, viens régner comme elles
Dans le Panthéon de mon cœur,

Nos murs lépreux par ton haleine
Sont à peine purifiés;
Nos pavés sales ont à peine
Poussé quelques fleurs sous tes pieds;
Et tu fuis, volage colombe,
Tu fuis!... Si ton étoile en tombe,
Hélas! mon ciel sera bien noir :
Où glaner un souris de femme?
A quelle âme allumer mon âme?
Dans quel œil bleu chercher l'espoir?

Au pays que ta lyre honore,
J'irai, j'irai : déjà tu vois,
Comme au vent un roseau sonore,

S'éveiller la mienne à ta voix.
Toujours à ta nef voyageuse,
Qu'elle fende une onde orageuse,
Ou se berce en un doux chemin,
Toujours l'hymne pieux d'Horace !
Toujours deux pieds nus sur la trace !
Toujours deux lèvres sur ta main !

Bordeaux, paradis de mes anges,
Olympe de mes dieux, Bordeaux,
J'irai te chanter des louanges,
La besace homérique au dos.
Sur le grand chemin noir de pluie,
Qu'un blanc rayon tombe et l'essuie,
Et demain, troubadour piéton,
Dans la haie aux grappes vermeilles,
Où dansent mes sœurs les abeilles,
Je veux me tailler un bâton.

LACENAIRE POËTE

> ... Mais, dira-t-on, il fait des vers!
> — C'est donc une denrée bien rare que les vers ?   J. J.

Quand il faisait des vers dans sa dernière veille,
Crédule aux mille voix qui répétaient : Merveille!
Il est donc vrai, disais-je, un poëte voleur!
Un poëte assassin! hélas! et ma douleur
Cherchait querelle à Dieu, qui voulut qu'en notre âge
La sainte poésie essuyât cet outrage.
Notre père Villon, que harcelait sans fin
Ce démon tentateur qu'on appelle la *Faim*,
Médita de son temps moins de vers que de ruses;
Salvator se jeta bandit dans les Abruzzes,
Et l'escopette au poing, bivouaquant sur les monts,
Pour mieux peindre l'enfer vécut chez les démons.
Mais autour du premier, de hauts voleurs sans nombre
Consommaient au soleil ce qu'il tentait dans l'ombre,

Et l'on dut pardonner au troubadour forain
D'avoir, humble vassal, les goûts d'un suzerain.
De Masaniello le poétique élève
Contre la tyrannie avait brisé son glaive,
Et pour sauver ses jours, le proscrit montagnard
Des morceaux qui restaient dut se faire un poignard.
Mais tuer sans combat, égorger qui sommeille,
Ramasser un écu dans le sang d'une vieille,
Et pouvoir dire après : Je suis poëte!... Non!
Car il ne suffit pas, pour mériter ce nom,
D'emprunter au public de banales pensées
Qu'on rejette au public en phrases cadencées :
Le poëte, amoureux du bien comme du beau,
Attend deux avenirs par delà le tombeau,
Et riche, en vieillissant, de candeur enfantine,
N'a rien à démêler avec la guillotine.
Le poëte ne voit qu'un seul bourreau de près :
Le Malheur! ou, frappé par d'iniques arrêts,
S'il meurt, c'est en martyr, et le ciel est en fête,
Et personne ici-bas ne dit : Justice est faite!
Interrogez Samson : depuis qu'André Chénier
D'un sang si précieux parfuma son panier,
Jamais son doigt savant (Thémis en soit bénie!)
Sur un front condamné ne palpa le génie.
C'est un roi qu'un poëte, et la hache des lois

Tua Chénier du temps que l'on tuait les rois...

Mais chacun peut tracer des lignes parallèles,
Accorder en duo des syllabes jumelles ;
La rime, dont Boileau trouvait le joug pesant,
Au moindre appel (voyez !) obéit à présent,
Et d'Arnolphe aujourd'hui la naïve écolière
Au jeu du *corbillon* ferait capot Molière.
Badaud qui, sur la foi d'un éloge odieux,
Confonds l'argot du bagne et la langue des dieux,
Admires en tremblant Lacenaire, et souhaites
Un baiser de *sa veuve* au dernier des poëtes.
Admire et tremble moins : sur ton crâne inégal,
La sottise en relief eût épouvanté Gall.
Des rêves d'argent seuls ont troublé ton alcôve,
L'arithmétique seule usa ta plume chauve :
Eh bien ! pendant deux nuits bâille sur un Restaut,
Dors sur un Richelet, et tu pourras bientôt,
Apprenti de la veille et déjà passé maître,
Auner dans ton comptoir la strophe et l'hexamètre.

Et pourtant, tout Paris à l'assassin rimeur
Sourit, et dévora ses vers dans leur primeur.
Qu'un auteur affamé, pour tailler un volume,
Fasse avec le poignard fraterniser la plume

De vin et de biscuit, pour nourrir son caquet,
Qu'on agace au perchoir l'horrible perroquet,
Qu'on secoue un album teint de sang rime à rime,
De l'argot en patois qu'on traduise le crime :
Bien! il faut que Paris ait du roman nouveau,
Que Lacenaire mort renaisse in-octavo,
Que la presse en travail donne un frère à Justine,
Et qu'on batte monnaie avec la guillotine!...
Mais sans être argousin, bourreau ni romancier,
Aux veilles du cachot on vint s'associer.
Les mains de ce lépreux dégoûtant d'infamies
Tombaient à son réveil entre des mains amies,
Et les journaux du temps, souillés de ses envois,
A nous dire sa gloire enrouaient leurs cent voix.
Pour enivrer cet homme et son pâle complice,
Si l'on eût annoncé, la veille du supplice,
A Paris, où l'hiver fait grêler tant de maux,
Un raout au profit des assassins jumeaux,
La charité dansante, avare de centimes,
Eût secoué de l'or à ce *bal de victimes...*
Que dis-je? la comtesse, au sortir de son bain,
Caressait dans son cœur le hideux chérubin,
Et sous un pli coquet, à travers les gendarmes,
Lui glissait cachetée une aumône de larmes.
O femmes de Paris! sur son grabat désert,

Un sourire de vous aurait sauvé Gilbert !

Et dans ses fils nombreux Gilbert respire encore ;
Il leur souffla, mourant, l'âme qui les dévore.
Ah ! sur tes échos sourds la lyre est sans pouvoir !
Il faut des condamnés à mort pour t'émouvoir,
Paris ! Eh bien ! écoute : ici, comme à Venise,
Un peuple condamné sous les plombs agonise.
Le Malheur, les prenant tombés du sein natal,
Marqua ces giaours de son cachet fatal,
Et sur leur front, depuis, glissant avec *Je t'aime !*
Nul baiser n'essuya cet infernal baptême.
Sans éveiller de bruits, sans prêtre à leurs côtés,
Ils vont mourir, ceux-là, durement cahotés.
Chaque jour les condamne, et comme au roi qui passe,
A chaque lendemain ils demandent leur grâce.
L'Espérance, avocat à la magique voix,
Les traîne ainsi longtemps de pourvois en pourvois...
Mais pareil au bourreau, qui vient et frappe à l'heure,
Le Suicide enfin les prend... et nul ne pleure ;
Nul ne mène le deuil vers le Champ du Potier,
Et le poëte mort gît là, mort tout entier...

Arrêtez-vous au bord de la fosse d'Escousse,
Enfants vieux de douleurs que son étoile y pousse.

Plus de chants, plus d'espoir : sur votre muse en deuil
Comment des éditeurs appeler le coup d'œil ?
Pour y saisir au vol une chanson, peut-être
Tous veillent maintenant au guichet de Bicêtre,
Et le public, sans foi dans vos noms sans crédit,
S'abonne chez Darmaing au scandale inédit...
Mais votre impatience en frémissant m'écoute.
Vous pairiez sans murmure un grand nom, quoi qu'il coûte;
Eh bien! pour éblouir et fixer le regard,
Secouez devant vous les éclairs d'un poignard;
Marchez, frappez, d'un meurtre ensanglantez les rues;
Devant la Renommée et la garde accourues,
Fiers, et pour piédestal prenant un corps humain,
Relevez-vous alors, des chansons à la main!

LE CORSE

A l'heure où, pâle encore, le jour hésite à naître,
Une étrange rumeur passa sous ma fenêtre,
« N'est-ce pas au réveil la voix du carnaval ? »
Dis-je; et dans le brouillard déchiré par les sabres,

Je vis, comme on en voit dans les danses macabres,
Passer des ombres à cheval.

Puis un peuple hideux, dont le vrai nom s'ignore,
Tombant, je ne sais d'où, sur le pavé sonore,
Grouillait... un même espoir semblait le remuer.
Attiré par le sang dont le parfum l'enivre,
Le Paris de l'égout s'en relevait, pour suivre
Un homme qu'on allait tuer.

Quand la Corse eut donné Napoléon au monde,
De ses couches de gloire arrière-faix immonde,
Elle y jeta Fieschi, l'opprobre tout vivant.
Mais ne lègue-t-il pas un remords à notre âge,
Cet homme? et son destin est-il bien son ouvrage?
Qui sait? murmurai-je en rêvant...

Il va rendre au supplice une âme bien trempée,
Dit-on; ne pouvait-il s'allonger en épée,
Ce poignard qui frappa sans demander pour qui?
Le ciel, dans ce bravo qui meurt aux pieds d'un prêtre,
Voulut donner au monde un grand homme peut-être,
Et le monde lui rend... Fieschi!

Si l'étude eût passé sur cet âpre génie,

S'il eût bu la morale à sa source bénie,
Quand il gardait pieds nus ses chèvres au coteau;
Si le monde eût ouvert à sa jeune fortune
Ce chemin qu'il voulut, dans la foule importune,
   Se tailler à coups de couteau!

On va bien loin, guidé par une étoile amie;
Entre l'homme de gloire et l'homme d'infamie,
Pour combler la distance il fallait un peu d'or.
De l'or! un horizon plus large que le nôtre,
Et Fieschi, l'enfant corse, eût grandi comme l'autre,
   Le beau Corse de messidor.

A MÉDOR

Heureux Médor, si j'ai bonne mémoire,
Je t'ai connu jadis maigre et hideux;
Chien sans pâtée, et poëte sans gloire,
Dans le ruisseau nous barbotions tous deux.
Lorsqu'à mes chants si peu d'échos s'émeuvent,

Lorsque du ciel mon pain tombe à regret,
A tes abois Dieu sourit, les os pleuvent :
Chien parvenu, donne-moi ton secret.

Aux chiens lépreux, oui, le malheur m'égale :
Battu des vents, par la foule outragé,
Si je caresse, on a peur de la gale ;
Si j'égratigne, on m'appelle enragé.
Pour qu'au bonheur je puisse enfin renaître,
Dieu sait pourtant qu'un peu d'or suffirait ;
Bien peu... celui de ton collier peut-être :
Chien parvenu, donne-moi ton secret.

J'eus comme toi mes longs jours de paresse,
Un lit moelleux et de friands morceaux ;
J'ai frissonné sous plus d'une caresse,
D'abois moqueurs j'ai talonné les sots.
Puis dans la foule où l'on pousse, où l'on beugle,
J'ai vu s'enfuir Plutus qui s'égarait :
Pour devenir le chien de cet aveugle,
Chien parvenu, donne-moi ton secret.

Aux dominos sais-tu comment l'on triche?
Nouveau Pâris, arbitre de beauté,
As-tu donné la pomme à la plus riche,

Fait le gentil, fait le mort, ou sauté ?
Ton sort est beau : moi, chien d'humeur bizarre,
Pour égayer le Riche à son banquet,
Je ne sais rien... rien que flatter Lazare :
Chien parvenu, donne-moi ton secret.

Tombé, dit-on, dans un pays de fées,
Dont la laideur mit le peuple en émoi,
On essuya tes pattes réchauffées,
De blanches mains te bercèrent ; mais moi !...
Chien trop crotté pour que la beauté m'aime,
Si j'entrais là, le pied me balairait,
Hué de tous, et mordu par toi-même :
Chien parvenu, donne-moi ton secret.

LES VOLEURS

Dame Justice a fait merveille !
Disais-je, croyant voir un jour
Douze voleurs, libres la veille,

Bâiller captifs devant la cour.
Avant que l'écriteau d'usage
A leur pilori soit collé,
Lavater, sur leur plat visage,
Lirait déjà qu'ils ont volé.

Cet homme au front chauve, à l'œil terne,
Est un usurier bien connu ;
Le passant qui, dans sa caverne,
Entre affamé, sort demi-nu.
Au front d'airain, au cœur de roche,
Il rit du pauvre désolé,
L'infâme !... et jusque dans ma poche
Il a volé, volé, volé.

Ce petit drôle, qui regarde
Les poches du voisin souvent;
(Monsieur Guillaume, prenez garde!)
C'est Patelin toujours vivant.
Pour orner le drap qu'il dérobe,
L'autre jour même il a collé
Un ruban rouge sur sa robe...
Il a volé, volé, volé.

Voilà des fournisseurs d'armée :

Lorsqu'aux pieds d'un vainqueur tremblant,
La France tombait, renfermée
Vivante dans un linceul blanc ;
Ces alchimistes, pêle-mêle,
Autour du soldat immolé,
Soufflaient de l'or dans la gamelle :
Ils ont volé, volé, volé,

Salut au baron de Wormspire !
Littérateur, *blagueur*, voleur,
Sur le Parnasse, dès l'empire,
Il a fait métier d'oiseleur.
Méfiez-vous, s'il vous accueille,
Frères : tout poëme envolé
S'est pris l'aile à son portefeuille :
Il a volé, volé, volé.

Mais las ! l'erreur était complète :
Mon voisin Prudhomme l'expert,
Où je croyais voir la sellette,
M'indiqua les jurés au pair ;
Et tous ces voleurs, qu'entre mille
Au bagne on eût dit racolés,
Y jetaient un gueux sans asile
Pour de l'air et du pain volés !

M. PAILLARD

Et flon, flon, flon, miserere,
Monsieur Paillard est enterré.

Adieu, père de la commune,
Dit le Bossuet du moment;
Mais au défunt gardant rancune,
Le pauvre peuple dit gaîment :

Et flon, flon, flon, miserere,
Monsieur Paillard est enterré.

Traitant la misère en vassale,
Premier magistrat du canton,
Aux pauvresses, de sa main sale,
Monseigneur prenait le menton.

Et flon, flon, etc.

Lui volaient-elles noix ou pomme,
Sous le pommier, sous le noyer,
A l'instant même le digne homme
Les jetait bas pour se payer.

Et flon, flon, etc.

Fredonnant de sa voix de chantre.
Flânait-il dans quelque dessein,
Ses breloques sur son gros ventre
Alentour sonnaient le tocsin.

Et flon, flon, etc.

Jacques, défends-lui bien ta porte.
De peur qu'au logis, en tremblant,
Ta femme, cet hiver, n'apporte
De l'infamie et du pain blanc.

Et flon, flon, etc.

A la vertu la mieux armée,
L'or en main, portant des défis,
Il tente la mère affamée

Auprès du berceau de son fils,

Et flon, flon, etc.

Puis quand il a, sans rien débattre,
Payé son triomphe insolent,
Il se dit, fier comme Henri Quatre
Tudieu, je suis un vert galant!

Et flon, flon, etc.

Et le curé le canonise;
Il me damnerait, moi, Gros-Jean;
Mais comme au b....., à l'église,
Il en aura pour son argent.

Et flon, flon, flon, miserere,
Monsieur Paillard est enterré.

RÉPONSE A UNE INVITATION

Sur l'adresse de cette lettre,
Quelle erreur fit tomber mon nom?
Est-ce bien moi qu'on daigne admettre
Aux plaisirs brillants d'un salon?
Où la mode commande en reine,
Hélas! on m'accueillerait mal.
Je suis moins heureux que Sedaine...
Non, non, je n'irai pas au bal.

Là, sous les lois de l'étiquette,
Il faut plier à tout moment;
Chaque pas est une courbette,
Et chaque phrase un compliment.
Moi, j'ose, dans mes épigrammes,
Contester en vrai libéral,
L'empire absolu même aux femmes.
Non, non, je n'irai pas au bal.

Aurais-je assez de patience

Pour souffrir, sans les bafouer,
Ces beaux esprits dont la science
Se borne à l'art de saluer?
Contre les clercs qui font merveilles,
Un bon mot peut m'être fatal;
Tous ces messieurs ont des oreilles :
Non, non, je n'irai pas au bal.

Lorsque les fléaux de la vie
Sur mes pas pleuvaient tour à tour,
Dans les bras de la poésie
J'échappais du moins à l'amour :
Mais tremblons! partout on répète
Que, sous le voile nuptial,
Une Grâce ornera la fête :
Non, non, je n'irai pas au bal.

LA CONFESSION

Quoi! tu l'as dit, plus d'amours à ta suite!
Quoi! tu voudrais, t'effeuillant sous la croix.

Rose, ma Rose, égayer un jésuite,
De tes péchés, un peu des miens, je crois!
Ah! pèche encor, pécheresse gentille;
Et si nos cœurs de quelque ennui sont lourds,
Couple fervent, l'un à l'autre sans grille
Confessons-nous, confessons-nous toujours.

Jeunes beautés, avec les hirondelles,
Quand vous voyez les sylphes accourir,
Lorsqu'au doux bruit de leurs battements d'ailes,
Vous vous sentez défaillir et mourir,
Pas n'est besoin contre un charme éphémère
Du beau curé ni de ses beaux discours :
Cœur de seize ans, au cœur de votre mère
Confessez-vous, confessez-vous toujours.

Mais, tôt ou tard, l'hymen, l'hymen despote,
A vos beaux yeux enseignera les pleurs,
. . . .
. . . .
Qu'en suppliant alors Trilby s'arrête,
Un soir d'orage au coin de votre feu.
Grondez bien bas... puis, après la tempête,
Confessez-vous, confessez-vous à Dieu.

Vous qui marchez pieds nus, et, sur la route,
Dans le ruisseau trempez votre pain noir;
Vous qui chantez sans que la dame écoute,
Là-bas, penchée au balcon du manoir;
Vous qui rêvez amour, gloire, chimère,
Puis, au réveil, le cœur battant d'effroi.
Les bras tendus, vous écriez : Ma mère !...
Confessez-vous, confessez-vous à moi.

Mainte blessure à l'ami le plus tendre
Souvent échappe et saigne à l'abandon;
Souvent pour l'homme il serait doux d'entendre
Au nom de Dieu sonner le mot pardon;
Mais la soutane a balayé la fange,
Mais le péché frétille par-dessous.
Quand tu verras tomber du ciel un ange,
Avertis-moi, Rose, et confessons-nous;
Vite à ses pieds, vite confessons-nous.

FABLE

« Que je suis bien sous mon ciel de cristal!
A me nourrir la terre est épuisée;

A moi chaleur et lumière et rosée :
Certes, je suis un noble végétal ! »
Ainsi parlait maint cornichon sous verre :
Le jardinier passe, et, d'un ton sévère,
A ces vantards dit : « Taisez-vous, mes fils :
Un coup de vent peut briser votre cloche ;
Vous mûrissez, et le bocal approche ;
Encore un jour, et vous serez confits. »

Hélas ! hélas ! philosophe, astronome,
D'un ciel étroit coiffés, quand nous marchons,
Fiers et clamant : « L'homme est tout, gloire à l'homme !
Dieu tonne et dit : « Taisez-vous, cornichons ! »

L'ISOLEMENT

ÉLÉGIE

A Madame ***

De mon riche avenir vous voilà créancière,
Madame ; quand l'oubli me jetait en poussière,

Sur moi, poëte obscur, l'autre jour, en passant,
Vous laissâtes tomber un mot compatissant.
Un mot, voilà tout... mais, quand vous fûtes passée,
Cette parole d'or, oh! je l'ai ramassée,
J'ai caché dans mon sein ma relique, et, depuis,
Je la porte les jours, je la baise les nuits.
Si ma reconnaissance avec délire éclate,
Si mon baiser brutal mord la main qui me flatte,
Madame, pardonnez, c'est que voilà deux ans
(Et deux ans à porter tout seul sont bien pesants!)
Qu'aux tourments de mon cœur nul cœur ne s'associe,
Et j'avais oublié comment on remercie.
J'ai supporté deux ans le mépris et la faim
Sans mêler de blasphème à ma plainte sans fin.
Je disais, résigné : Lorsque Dieu fait un homme,
De ses bonheurs futurs il lui compte la somme :
« Prends, lui dit-il, et marche! » et moi, dès le départ,
Prodigue voyageur, j'ai dévoré ma part.

Enfant, j'ai vu passer dans ma vague mémoire
Des prêtres qui chantaient sur une bière noire ;
A travers les sanglots, de moment en moment,
Un nom cher m'arrivait... mais ce souvenir ment;
Car de l'école à peine eus-je franchi les grilles,
Que je tombai joyeux aux bras de deux familles ;

Moi qui la veille, hélas! rêvant un autre accueil,
Me croyais orphelin sur la foi d'un cercueil.

Mon cœur, ivre à seize ans de volupté céleste,
S'emplit d'un chaste amour dont le parfum lui reste.
J'ai rêvé le bonheur, mais le rêve fut court...
L'ange qui me berçait trouva le fardeau lourd,
Et, pour monter à Dieu dans son vol solitaire,
Me laissa retomber tout meurtri sur la terre,
Où depuis mon regard dans l'horizon lointain
Plongeait sans voir venir le bon Samaritain.
Je veux bien acquitter mes dettes amassées,
Et payer en douleurs mes délices passées,
Dieu! mais puisque ta loi défend de murmurer,
Fais-nous donc des tourments que l'on puisse endurer!
La Pauvreté n'est pas l'hôte que je redoute;
Je l'aime, c'est ma sœur; la Faim, sans qu'il en coûte
Une heure à mon sommeil, un vers à mes chansons,
Entre s'assied chez moi, car nous nous connaissons.
Je n'ai pas convoité sur mon lit d'agonie
L'or du voisin, qui sonne avec tant d'ironie;
Ce qu'il me faut à moi, ce n'est pas seulement
Le vin de la vendange et le pain de froment;
Ma prière avant tout demande à Dieu pour vivre
Le pain qui nourrit l'âme et le vin qui l'enivre

L'amour!... Et je suis seul, déjà seul, quand j'entends
Frémir encor l'airain qui m'a sonné vingt ans!
La fatigue m'endort et le besoin m'éveille
Sans qu'un souhait ami caresse mon oreille.
Quand j'allais au printemps chercher dans vos jardins
Un sentier vierge encor du pied des citadins,
Sur mon cœur solitaire et qu'un vague amour tue,
J'ai pressé bien souvent un socle de statue;
Et, miracle du ciel! bien souvent j'ai cru voir
La froide Galatée en mes bras s'émouvoir,
Voir des pleurs de pitié pendus à sa paupière,
Voir des souris éclos de ses lèvres de pierre;
Et quand ma plainte au marbre inspirait tant d'émoi,
Les cœurs vivants restaient pétrifiés pour moi!

Oh! voilà le tourment auquel rien n'habitue,
Qui dévore les nuits et les jours, et qui tue.
Ce supplice inouï, quand je vous le nommais,
Vous ne compreniez pas : ne comprenez jamais,
Madame!... Au grand désert de votre capitale,
L'homme seul, voyez-vous, c'est l'antique Tantale;
C'est le serpent coupé, vivace et bondissant,
Dont chaque tronçon veuf poursuit son frère absent;
C'est l'homme enseveli tout vivant dans la tombe
Qui se réveille au bruit de la terre qui tombe;

Et, hurlant des appels que le ver entend seul,
Se débat convulsif dans les plis du linceul.
Mais au bonheur, après cette agonie amère,
Vous m'avez fait renaître, et vous êtes ma mère.
Pour me guérir enfin du coup qui m'étourdit,
Il ne fallait qu'un mot : ce mot, vous l'avez dit.
Et tout à coup voyez comme le charme opère :
« Courage ! » et je suis fort : « Espérance ! » et j'espère ;
Et d'un sommeil fiévreux je me réveille sain,
Honteux de ne pouvoir payer le médecin.
Oh ! patience ! un jour j'acquitterai ma dette.
J'ignore quel sera mon destin de poëte :
Dois-je, tendant ma coupe à l'Amour échanson,
De l'écume qui tombe arroser la chanson ;
Phalène qui tournoie à l'éclair d'une épée,
Irai-je dans le sang picorer l'épopée,
Cueillir la blanche idylle en fleur dans le hameau,
Ou du saule pleureur effeuiller un rameau,
Je doute encor ; mais cette moisson de gloire,
Vous l'aurez fait éclore, et j'ai longue mémoire,
Et, de mon frais butin parfumant vos genoux,
« Prenez, dirai-je alors : tout cela, c'est à vous !... »

SOYEZ BÉNIE

Je soupirais, triste et malade :
« Que sont devenus le fuseau,
Et le baiser et la ballade
Qui m'endormaient dans mon berceau? »
Mes pleurs coulaient... lorsqu'une enchanteresse
Me dit : « Enfant, verse-les dans mon sein. »
Soyez bénie, ô vous dont la tendresse
Donne une mère à l'orphelin !

Je répétais : « Du moins que n'ai-je
Ton bras pour guide et pour appui,
Frère [1] qu'en un linceul de neige
Le vent du nord berce aujourd'hui !... »
Mais, tout à coup, une chaste caresse
Sur mon front pâle essuya le chagrin :
Soyez bénie, ô vous dont la tendresse
Donne une sœur à l'orphelin !

[1]. Soldat de la grande armée, mort en Russie

En vain, ardent à me poursuivre,
Le destin flétrit mes beaux jours ;
De tous les bonheurs je m'enivre,
Car j'aime de tous les amours.
L'astre charmant levé sur ma jeunesse
Promet encor d'échauffer mon déclin :
Soyez bénie, ô vous dont la tendresse
Est le trésor de l'orphelin !

SUR

LA MORT D'UNE COUSINE DE SEPT ANS

Hélas ! si j'avais su, lorsque ma voix qui prêche
T'ennuyait de leçons, que, sur toi, rose et fraîche,
Le noir oiseau des morts planait inaperçu ;
Que la fièvre guettait sa proie, et que la porte
Où tu jouais hier te verrait passer morte...
  Hélas ! si j'avais su !...

Je t'aurais fait, enfant, l'existence bien douce ;
Sous chacun de tes pas j'aurais mis de la mousse ;

Tes ris auraient sonné chacun de tes instants;
Et j'aurais fait tenir dans ta petite vie
Un trésor de bonheur immense... à faire envie
    Aux heureux de cent ans!

Loin des bancs où pâlit l'enfance prisonnière,
Nous aurions fait tous deux l'école buissonnière
Dans les bois pleins de chants, de parfum et d'amour;
J'aurais vidé leurs nids pour emplir ta corbeille;
Et je t'aurais donné plus de fleurs qu'une abeille
    N'en peut voir dans un jour.

Puis, quand le vieux Janvier, les épaules drapées
D'un long manteau de neige, et suivi de poupées,
De magots, de pantins, minuit sonnant, accourt;
Au milieu des cadeaux qui pleuvent pour étrenne,
Je t'aurais fait asseoir comme une jeune reine
    Au milieu de sa cour.

Mais je ne savais pas... et je prêchais encore;
Sûr de ton avenir, je le pressais d'éclore,
Quand tout à coup, pleurant un long espoir déçu,
De tes petites mains je vis tomber le livre;
Tu cessas à la fois de m'entendre et de vivre...
    Hélas! si j'avais su!

L'ENFANT MAUDIT

CONTE

A mon jeune ami Paul B***

Autrefois dans Bagdad, la ville des merveilles,
Grandissait Abdallah, fils du cheik El-Modi,
    Que les derviches et les vieilles,
Dont ses propos moqueurs échauffaient les oreilles,
Nommaient dans leur colère Abdallah le Maudit.

Il n'avait, orphelin, ni mère ni sœur tendre,
Hélas! pour l'enchaîner doucement au devoir,
Pour payer son travail par les baisers du soir,
Ou punir sa paresse en les faisant attendre.
Une mère, une sœur, c'est le premier des biens :
Vous le savez, enfants... et moi, je m'en souviens!

Passe encor s'il n'eût fait qu'agacer par derrière
    Le derviche immobile en son culte fervent
    Et lui tirer la barbe, ou bourrer de poussière

La pipe du soldat qui dormait en plein vent;
Mais gourmand et voleur!... oui, j'ai lu dans l'histoire
Qu'il aimait un peu trop la figue et le raisin
   Du voisin;
Fécond en malins tours, il y mettait sa gloire,
  Et cadis, marchands, bateleurs,
Dit-on, se méfiaient de lui les jours de foire
  Plus que des *Quarante voleurs!*

Las enfin d'en gémir, à sa folle conduite
  Un vieil oncle l'abandonna;
D'Abdallah le Maudit chacun se détourna;
Le bruit seul de ses pas mettait les jeux en fuite.
Il réfléchit alors : la voix qu'il étouffait,
  Cette compagne intérieure
  Qui chante de joie ou qui pleure,
  Suivant qu'on a bien ou mal fait,
La Conscience en lui gronda, juge implacable.

Alors dans le désert un saint homme vivait
D'aumône et d'eau, n'ayant que le roc pour chevet,
Et, pleine de pardons, quand sa main vénérable
  Les répandait sur un coupable,
A l'arrêt inspiré toujours Dieu souscrivait :
  « Il me pardonnera sans doute,

S'il pardonne au remords, » dit l'enfant, et voilà
Au milieu du désert ses petits pieds en route : —
Le désert est bien grand ! Dieu conduise Abdallah !

Le désert est bien grand, et presque infranchissable :
C'est un champ de poussière et de feu ; rien n'y croît,
Ni mûres ni bluets, enfants, et l'on n'y voit
    Que du soleil et du sable.
    Tantôt d'un rocher caverneux,
Aux pieds du voyageur égaré dans l'espace,
Un boa sort, fouettant la terre de ses nœuds ;
    Tantôt c'est un lion qui passe,
Calme et superbe, avec de la chair vive aux dents,
Et de gros yeux pareils à des charbons ardents.

A travers le soleil et les vents et l'orage,
Notre pénitent va, n'ayant pour tout fardeau
Qu'un gâteau de maïs, un bâton de voyage,
Et, pendante au côté, sa gourde pleine d'eau.

Mais voilà qu'au désert un cri mourant l'implore :
C'était un pauvre chien qui, sur le sable ardent,
Dévoré par la soif, hurlait en le mordant.
La route à parcourir était bien longue encore ;
Sa gourde résonnait à moitié vide : eh bien !

Il en épuisa l'eau dans la gueule du chien;
Et le chien bondissant, tout joyeux de renaître,
Dit par une caresse : « Abdallah, sois mon maître. »

Il marche, il marche encor, puis s'arrête, voyant
Son nouveau compagnon trembler en aboyant :
Un serpent au soleil se dressait sur sa queue;
Le serpent-roi, celui qu'on appelle Devin;
Et, sous les mille éclairs de son écaille bleue,
Un oiseau fasciné se débattait en vain.
Notre héros s'élance, invoque le Prophète,
Et, fort de sa pitié, fort du secours divin,
Frappe à coups redoublés le monstre sur la tête.
Le Devin se tordit sur le sable et siffla,
   Puis mourut aux pieds d'Abdallah.

Le vainqueur dans son sein mit l'oiseau, sa conquête,
Et le baise, endormi sur son mol oreiller,
Doucement, doucement, de peur de l'éveiller.
Le voilà parvenu devant la grotte sainte,
Enfin!... et sur le seuil il hésite, n'osant,
Lui coupable et poudreux, profaner cette enceinte;
Mais, ô surprise ! aux pieds du vieillard imposant,
   Quand le Maudit courbait la tête,
Le chien qui le suivait à la porte gratta,

L'oiseau battit de l'aile au réveil et chanta;
Et le saint comprit tout, car il était prophète;
Sur le front du pécheur alors il étendit
   Ses deux mains tremblantes, et dit :

« Levez-vous, Abdallah : Dieu pardonne et vous aime
En paix avec le ciel, en paix avec vous-même,
Allez : vous n'êtes plus Abdallah le Maudit.
Pour que Dieu le bénisse, un enfant doit soumettre
Ses caprices mutins aux volontés d'un maître;
Il doit n'être gourmand, espiègle ni moqueur;
   Mais sur les vertus les plus hautes
Ce qui l'emporte, et peut racheter bien des fautes,
Ne l'oubliez jamais, enfant : c'est un bon cœur ! »

LES SIGNES DE CROIX

Là-bas, là-bas, dans la forêt bretonne,
Un vieux château pend au flanc d'un rocher;
Là des enfers le chœur danse et détonne,
Les pèlerins n'osent en approcher.
  Sur le manoir

LE MYOSOTIS

    Volent en cercle noir

    Mille oiseaux de malheur...

Hélas, ma bonne, hélas, que j'ai grand'peur !

D'un châtelain arborant la bannière,
Satan triomphe en ce séjour de mort.
La jeune Iseult languit sa prisonnière :
Tu céderas, dit-il, ou, par la mort... !
    Par le saint nom
    Elle a juré que non,
    Il bondit de fureur...
Hélas, ma bonne, hélas, que j'ai grand'peur !

Fort à propos un cor d'ivoire sonne :
C'est Enguerrand, le vaillant paladin ;
Mais en champ clos Satan ne craint personne.
La fleur des preux va périr, quand soudain
    Iseult lui dit :
    Signe-toi, le maudit
    Faiblira de terreur...
Hélas, ma bonne, hélas, que j'ai grand'peur !

Il s'est signé trois fois, trois cris d'alarme
Ont frappé l'air, et Satan s'est enfui.
De nos exploits, dit le preux qu'on désarme,

Grâce à l'amour, payons-nous aujourd'hui.
Il dit, mais las !
Le héros est bien las,
La vierge est dans sa fleur...
Hélas, ma bonne, hélas, que j'ai grand'peur !

Il traite un peu sa grand'dame en fillette,
Puis tout à coup se lève, au désespoir :
Du diable soit le noueur d'aiguillette !
Il m'a charmé : damoiselle, au revoir !
Mais, restant coi,
Iseult dit : Signe-toi,
Mon doux maitre et seigneur...
Hélas, ma bonne, hélas, que j'ai grand'peur !

A cette voix dont il connaît l'empire,
Il obéit, se signe, et fait si bien
Que douze fois la colombe soupire :
Honneur, amour au chevalier chrétien !
Et douze fois
L'écho joyeux des bois
Répète : amour, honneur...
Hélas, ma bonne, hélas, que j'ai grand'peur !

Oui, j'ai grand'peur que ce récit n'éveille

En certain lieu des regrets superflus :
Si ma chanson, Rose, vous émerveille,
Si, prenant goût aux exploits des élus,
   Vous vous flattez
    De les voir imités
     Par moi, pauvre pécheur,
Hélas, ma bonne, hélas, que j'ai grand'peur !

UN QUART D'HEURE DE DÉVOTION

Vous demandez, amis, comment s'est échappée
De ma plume profane une sainte épopée ?
Écoutez : l'âme en deuil, et la tristesse au front,
Un soir, je visitai Saint-Étienne du Mont.

A cette heure sacrée, heure où la nuit commence,
Quelques rares chrétiens peuplent seuls l'ombre immense.
C'est l'enfant à la bouche encor blanche de lait,
Qui dans ses doigts vermeils égrène un chapelet,
Et semble demander, dans sa fraîche prière,
Un souris fraternel aux chérubins de pierre ;

La pâle mère en deuil, devant un crucifix,
Au vainqueur de la mort redemandant son fils ;
Le vieillard qui mourant, de ses lourdes sandales,
Comme pour dire : *ouvrez,* heurte aux funèbres dalles,
Et prêt à s'endormir de son dernier sommeil,
Aux pieds de Jésus-Christ s'étend comme au soleil...
Mais plus souvent, hélas! c'est l'artiste profane
Contemplant aux piliers l'acanthe qui se fane,
Admirant des couleurs sur la toile où revit
Le fait miraculeux qu'un siècle expiré vit,
Époussetant de l'œil chaque peinture usée,
Et du seuil à la nef parcourant un musée.
Au milieu des autels qui s'écroulent partout,
L'autel païen des arts est seul resté debout.

Et la rougeur au front, je l'avoûrai moi-même,
Qui suspends à la croix l'ex-voto d'un poëme,
Dans le temple, au hasard, j'aventurais mes pas
Et j'effleurais l'autel et je ne priais pas.

Autrefois, pour prier, mes lèvres enfantines
D'elles-mêmes s'ouvraient aux syllabes latines,
Et j'allais aux grands jours, blanc lévite du chœur,
Répandre devant Dieu ma corbeille et mon cœur.
Mais depuis, au courant du monde et de ses fêtes

Emporté, j'ai suivi les pas des faux prophètes.
Complice des docteurs et des pharisiens,
J'ai blasphémé le Christ, persécuté les siens.
Quand l'émeute aux bras nus, pour la traîner au fleuve,
Arrachant une croix à la coupole veuve,
Insultait, blasphémait Dieu gisant sur le sol,
De loin sur les manteaux je veillais comme Saul.
Mais de vagues remords assailli de bonne heure :
Où puiser, ai-je dit, la paix intérieure?
Où marcher dans la nuit sans étoiles aux cieux,
Et sans guide ici-bas? Enfants insoucieux,
Les uns, pour ne rien voir des hommes ni des choses,
Abaissent sur leur front leurs couronnes de roses;
D'autres, en proclamant l'idole liberté,
Sous le glaive légal tombent avec fierté,
Et promettent, mourants, de leur voix fatidique,
Au Teutatès moderne un culte druidique;
Ou, soufflant la terreur sur l'Église et l'État,
Tonnent, bruyants échos, autour de l'apostat,
Qui, disciple du Christ, au front sanglant du maître
Posa le bonnet rouge, avec ses mains de prêtre.
Combien de jeunes cœurs que le doute rongea!
Combien de jeunes fronts qu'il sillonne déjà!
Le doute aussi m'accable, hélas! et j'y succombe :
Mon âme fatiguée est comme la colombe

Sur le flot du désert égarant son essor ;
Et l'olivier sauveur ne fleurit pas encor...

Ces mille souvenirs couraient dans ma mémoire ;
Et je balbutiai : « Seigneur, faites-moi croire ! »
Quand soudain sur mon front passa ce vent glacé
Qui sur le front de Job autrefois a passé.
Le vent d'hiver pleura sous le parvis sonore,
Et soudain je sentis que je gardais encore
Dans le fond de mon cœur, de moi-même ignoré,
Un peu de vieille foi, parfum évaporé.

Cependant mon genou, fléchi par la prière,
Se heurta contre un livre oublié sur la pierre,
Et la secrète voix qui parle aux cœurs élus
Murmura dans le mien : « *Prends, et lis* ; » et je lus,
Je lus avec amour ces quatre chants sublimes,
Dont l'auteur s'est voilé de quatre pseudonymes,
Mais où sur chaque mot le poëte à dessein
Imprima son génie à défaut de son seing,
Page de vérité, qu'à sa ligne dernière,
Le Golgotha tremblant sabla de sa poussière.
Quand je me relevai plus léger de remords,
Comme au dedans de moi, c'était fête au dehors ;
La vitre occidentale, allumant sa rosace,

D'une langue de feu m'illumina la face ;
Les deux blancs chérubins, levant leur front courbé,
Avec plus de ferveur prièrent au jubé ;
Et l'orgue, s'éveillant sous un doigt invisible,
D'un long et doux murmure emplit la nef paisible.
Et je versai des pleurs, et reconquis à Dieu,
Au tombeau de Racine alors je fis un vœu.

Ce vœu, je l'accomplis en écrivant ces pages.
Les temps étaient passés des saints pèlerinages :
Je ne pouvais aller, courbé sous le bourdon,
Boire au Jourdain captif le céleste pardon ;
Au rivage où fleurit la parole divine
Ma muse ira du moins. Pars, muse pèlerine,
Conduite à Bethléem par l'étoile des rois,
Au Gloria des cieux mêle ta douce voix ;
Rallume l'âtre éteint de Marthe et de Marie ;
Consulte le voyant au puits de Samarie ;
Et, fidèle au gibet de ton Dieu méconnu,
Sous le sang rédempteur prosterne ton front nu,
Puis, malgré l'incrédule et ses bruits de risée,
Relève fièrement ta tête baptisée.

Dieu bénira mes chants ; sur les autels divers
Puisqu'on sème des fleurs, on peut jeter des vers.

Depuis le temps antique, où vibrait à tes fêtes
La harpe de David et des anciens prophètes,
N'est-ce pas, ô Seigneur, un encens précieux
Que l'encens du poëte? et les anges des cieux
Ne se courbaient-ils pas, avides, pour entendre
Jean Racine toucher son luth pieux et tendre,
Quand il eut pour le cloître abandonné les cours
Et dans ton amour pur éteint tous ses amours?
Et puis, mon grain d'encens, qui sait, fera peut-être
Pétiller l'urne éteinte entre les mains du prêtre.

J'ai dans mes souvenirs un fabliau bien vieux
Dont, au bruit de la mer et des vents pluvieux,
Mon aïeule bretonne, à la voix sibylline,
Berçait pendant la nuit mon enfance orpheline.
Un jour, Dieu sait pourquoi, l'élément nourricier
Qui prodigue la vie à ce limon grossier,
Le feu, manqua dans l'air; la nature vivante
Tressaillit tout à coup de froid et d'épouvante.
Les oiseaux, qu'un vent noir chassait en tourbillons,
Désertaient effarés les bois et les vallons.
Plus cruels de terreur, dans l'atmosphère humide,
Les vautours se battaient: Le rossignol timide
Dit sa chanson de mort, et, lorsqu'elle finit,
Se cacha résigné, la tête dans son nid.

Fatigué d'un long vol, l'oiseau porte-tonnerre
Replia sa grande aile et dormit dans son aire.
Seul pour sauver le monde agonisant déjà,
Le petit roitelet voltigea, voltigea
Jusqu'au sommet des cieux ; mais, couvert d'étincelles,
A l'élément conquis il se brûla les ailes,
Et dans les bois, chantant pour le bénir en chœur,
Le Prométhée obscur tomba mort et vainqueur.

Que je succombe ou non à l'œuvre expiatoire,
A celui qui m'inspire, à Dieu *louange et gloire!*
Quand la brise du soir en passant à travers
L'orgue du marécage, aux mille tuyaux verts,
En pousse vers le ciel une plainte touchante,
Voyageur, ne dis pas : « Gloire au roseau qui chante ! »
Mais, le foulant aux pieds, dis : « Gloire au Dieu vivant
Qui féconde la boue et qui commande au vent ! »

LE CHANT DES ANGES

ROMANCE 1

A fêter la Vierge suprême,
Là-haut, chaque ange est invité ;
Et mon ange gardien lui-même
Dès l'aurore, hélas ! m'a quitté.
Bel ange, à la reine céleste
Porte ton bouquet, moi, je reste,
La reine de mon cœur est là,
Et pour célébrer ses louanges,
J'emprunte le refrain des anges :
Ave Maria, ave Maria.

Je lui coûtai, petit encore,
Petit comme l'enfant Jésus,

---

1. Composée pour le jeune Paul B***, qui l'a mise en musique et dédiée à sa mère, qui se nomme Marie, le jour de sa fête.

Bien des alarmes qu'on ignore,
Bien des pleurs que Dieu seul a vus.
Chassant l'insecte qui bourdonne,
Combien de fois, douce madone,
Près de ma couche elle veilla !
Aussi, pour chanter ses louanges,
J'emprunte le refrain des anges :
Ave Maria, ave Maria.

Au front de la sainte que j'aime,
Hélas ! j'aurais voulu poser
Des étoiles pour diadème...
Je n'y peux mettre qu'un baiser.
Mais espérance, ô ma patronne,
J'ose rêver pour ta couronne
Quelques lauriers... et jusque-là
A tes pieds chantant tes louanges,
Je veux redire avec les anges :
Ave Maria, ave Maria.

LA SŒUR DU TASSE

> Dans l'ombre de mon cœur mes plus fraîches amours,
> Mes amours de seize ans refleuriront toujours
>
> BRIZEUX.

Oh! bien avant Mercœur, la Sapho de la Loire,
Le poëte a servi de pâture à la gloire,
Sphinx dévorant qui veille aux portes de Paris ;
Et peut-être (qui sait?) de la chambre où j'écris
Le Tasse un jour fut l'hôte, et ma table de hêtre
Boiteuse sous son coude a chancelé peut-être.
Assis sur l'escabeau, peut-être, où je m'assieds,
Il écoutait Paris bourdonner à ses pieds,
Et pensif, arrêtant chaque nue au passage,
Pour son pays lointain la chargeait d'un message.
Il ne l'envoyait pas à Ferrare, où pourtant
Aux genoux d'une Armide il dormit un instant ;
Non : sa blessure au cœur était enfin guérie ;
Non, mais il soupirait : « Loïsa, sœur chérie,
Mes premières amours, que faites-vous là-bas?

Quand je jette au Destin le gage des combats,
Dame de ma pensée, au Christ d'un oratoire
Sans doute vos soupirs demandent ma victoire.
Oh! priez : veuf de vous, mon cœur n'a point vécu;
Mais je ne reviendrai qu'après avoir vaincu.
Vous sauriez bien encor, généreuse en silence,
De votre pauvreté me faire une opulence;
Mais pour dot à ma sœur je n'irai plus offrir
Mon trésor de misère, et je saurai souffrir.
La Poésie aidant!... pour conduire ma plume,
Seul flambeau de mes nuits, quand l'œil d'un chat s'allume,
Des chœurs d'esprits follets, poétiques sabbats,
Viennent fleurir sous moi la paille des grabats;
Des palmiers, des drapeaux frissonnent sur ma joue :
Salut, bel Orient! adieu, Paris de boue!
Chevaliers, ouvrez-moi vos rangs hospitaliers;
Pour le Christ et l'honneur, combattons, chevaliers...;
Puis, vient l'Amour Protée et ses métamorphoses :
Renaud, l'homme de fer, se rouille sur des roses;
Clorinde l'infidèle expire, et son amant
Baptise avec ses pleurs un front pâle et charmant.
Mais l'Illusion fuit le jour qui l'intimide;
Il brille, et tout s'en va : les preux, Clorinde, Armide,
Les armes, les drapeaux, les palmiers, tout enfin,
Tout : il ne reste là qu'un poëte et la Faim!

Oh ! Sorrente, Sorrente ! et, sur la plage verte,
Une blanche villa que le pampre a couverte ;
Un banc sous l'oranger d'où tombe la fraîcheur,
Et là nos entretiens si doux que le pêcheur
S'écriait, quand le son en frappait son oreille :
« Longue nuit, longs amours aux époux de la veille ! »

La Fièvre n'osait plus s'asseoir à mon chevet ;
Même avant la douleur le remède arrivait ;
Vous jugiez mes travaux, querelliez ma paresse ;
Et toujours sur mon front pendait une caresse.
Souvent mon cœur, saisi d'un prophétique émoi,
Me révélait quelqu'un debout derrière moi ;
Puis, sur mes yeux tombait une main enfantine ;
Puis, entre deux baisers, on me disait : Devine !
Je devinais toujours : des parfums inconnus
Annonçaient aux païens l'invisible Vénus.
Ainsi, quand un nuage à mes yeux vous dérobe,
De vos cheveux bouclés, des plis de votre robe,
Je ne sais quel parfum d'une exquise douceur
Se répand et m'enivre, et vous trahit, ma sœur !

Aussi, j'ai bien souvent frémi d'un doute étrange,
Et les yeux sur vos yeux dit : « Est-ce pas un ange ?
» Pendant que je suivais là-bas un paladin,

» Le deuil sur la maison est-il tombé soudain ?
» Derrière moi sans bruit la vieille Alix a-t-elle
» Dans un linceul furtif cousu ma sœur mortelle ?
» Et, pour tromper mon cœur, cet ange au front si beau
» Daigna-t il emprunter un nom sur un tombeau ? »

Des bienfaits prodigués par votre amour céleste,
Dût cet amour s'éteindre, un souvenir me reste,
Et ce long souvenir est encore un bienfait ;
Oui, ce que vous faisiez, votre image le fait :
Par le méchant qui règne et le sot qui prospère,
Coudoyé, si je pleure et si je désespère,
Elle est là : son souris me défend de pleurer ;
Son œil, ardent de foi, m'ordonne d'espérer.
Oh ! le siècle entendra les chants que je lui livre ;
Il n'aura pas ouvert ma tombe avant mon livre ;
Ce livre, proclamant votre sainte amitié,
D'un avenir conquis vous promet la moitié ;
Et quand, sur nos tombeaux, relu par des voix tendres,
Voix de sœurs ou d'amants, il remûra nos cendres ;
Nos spectres enlacés voltigeront près d'eux ;
Nous ne ferons, ma sœur, qu'une gloire à nous deux !

La gloire !... en répétant ce mot vide et sonore,
Il sourit de pitié ; puis, d'espérance encore ;

Il s'endormit rêvant bonheur et gloire, mais
L'une arriva bien tard, l'autre ne vint jamais.
Quand il revit Sorrente, et, sur la plage verte,
La villa tant aimée, il la trouva déserte.
Au vent de ses destins, alors de cour en cour,
De prison en prison il tomba; puis, un jour,
Le pauvre fou sentit, dans la ville papale,
Une douche de fleurs inonder son front pâle.
« Pour qui donc cette pompe et ce peuple à genoux? »
Disait-il, et chacun lui répondait : « Pour vous!
Pour vous Rome est en fête, et son prince en étole
Avec les saintes clefs ouvre le Capitole;
Pour vous il s'illumine, et ses joyeux échos
Chantent comme ils chantaient sur les pas des héros;
Car vous avez tenté des conquêtes plus rares,
O poëte, et comme eux triomphé des barbares;
Car d'un laurier rival vous êtes possesseur :
Voyez... » — « Hélas! dit il, je ne vois pas ma sœur! »

LA VOULZIE

ÉLÉGIE

S'il est un nom bien doux fait pour la poésie,
Oh! dites, n'est-ce pas le nom de la Voulzie?
La Voulzie, est-ce un fleuve aux grandes îles? Non;
Mais, avec un murmure aussi doux que son nom,
Un tout petit ruisseau coulant visible à peine;
Un géant altéré le boirait d'une haleine;
Le nain vert Obéron, jouant au bord des flots,
Sauterait par-dessus sans mouiller ses grelots.
Mais j'aime la Voulzie et ses bois noirs de mûres,
Et dans son lit de fleurs ses bonds et ses murmures.
Enfant, j'ai bien souvent, à l'ombre des buissons,
Dans le langage humain traduit ces vagues sons;
Pauvre écolier rêveur, et qu'on disait sauvage,
Quand j'émiettais mon pain à l'oiseau du rivage,
L'onde semblait me dire : « Espère! aux mauvais jours
Dieu te rendra ton pain. » — Dieu me le doit toujours!

C'était mon Égérie, et l'oracle prospère
A toutes mes douleurs jetait ce mot : « Espère!
Espère et chante, enfant dont le berceau trembla,
Plus de frayeur : Camille et ta mère sont là.
Moi, j'aurai pour tes chants de longs échos...» — Chimère!
Le fossoyeur m'a pris et Camille et ma mère.
J'avais bien des amis ici-bas quand j'y vins,
Bluet éclos parmi les roses de Provins :
Du sommeil de la mort, du sommeil que j'envie,
Presque tous maintenant dorment, et, dans la vie,
Le chemin dont l'épine insulte à mes lambeaux,
Comme une voie antique est bordé de tombeaux.
Dans le pays des sourds j'ai promené ma lyre;
J'ai chanté sans échos, et, pris d'un noir délire,
J'ai brisé mon luth, puis de l'ivoire sacré
J'ai jeté les débris au vent... et j'ai pleuré!
Pourtant, je te pardonne, ô ma Voulzie! et même,
Triste, tant j'ai besoin d'un confident qui m'aime,
Me parle avec douceur et me trompe, qu'avant
De clore au jour mes yeux battus d'un si long vent,
Je veux faire à tes bords un saint pèlerinage,
Revoir tous les buissons si chers à mon jeune âge,
Dormir encore au bruit de tes roseaux chanteurs,
Et causer d'avenir avec tes flots menteurs.

LE BAPTÊME

Je méditais une ode, ou pis peut-être,
Quand tout à coup grand bruit dans le quartier;
« A l'entre-sol un garçon vient de naître;
» Notre portière accouche d'un portier!... »
Ornant de fleurs ses langes un peu sales,
Je l'ai vu beau, beau comme un fils de roi,
Pleurer au bruit des cloches baptismales :
Dors, mon enfant, rien n'a sonné pour toi.

A ton baptême un curé bon apôtre,
Quelques voisins, quelques brocs de vin vieux,
Cela suffit : te voilà comme un autre
Cohéritier du royaume des cieux.
Convive ailleurs d'un plus friand baptême,
Si quelque saint, gras martyr de la foi,
Bénit tout haut, puis murmure : Anathème !
Dors, mon enfant, dors, ce n'est pas sur toi.

Tu n'as point vu la robe et la finance

Crier bravo lorsque tu vagissais;
Tu n'as point eu, comme un enfant de France,
A digérer maint discours peu français.
Pour premiers bruits, le monde à ton oreille
N'a point jeté des paroles sans foi.
Près d'un berceau si la trahison veille,
Dors, mon enfant, dors, ce n'est pas chez toi.

Dors, fils du pauvre : on dit qu'il est une heure
Lente à passer sur les fronts criminels ;
Le fils du riche alors s'éveille et pleure
Au bruit que font les remords paternels.
Lorsque minuit descend plaintif des dômes,
En secouant leur linceul et l'effroi,
On dit qu'au Louvre il revient des fantômes :
Dors, mon enfant, Dieu seul entre chez toi.

A l'hôpital, sur le champ de bataille,
Chair à scalpel, chair à canon, partout
Tu souffriras, et lorsque sur la paille
Tu dormiras, la Faim crira : Debout!
Tu seras peuple, enfin; mais bon courage !
Souffrir, gémir, c'est la commune loi.
Sur un palais, j'entends gronder l'orage :
Dors, mon enfant, il glissera sur toi.

A MON AME

Fuis, âme blanche, un corps malade et nu;
Fuis en chantant vers un monde inconnu!

A dix-huit ans, je n'enviais pas, certes!
Le froid bandeau qui presse les yeux morts.
Dans les grands bois, dans les campagnes vertes,
Je me plongeais avec délice alors;
Alors les vents, le soleil et la pluie,
Faisaient rêver mes yeux toujours ouverts;
Pleurs et sueurs depuis les ont couverts;
Je connais trop ce monde... et je m'ennuie;

Fuis, âme blanche, un corps malade et nu;
Fuis en chantant vers le monde inconnu!

Las et poudreux d'une route orageuse,
Je chancelais sur un sable flottant;
Repose-toi, pauvre âme voyageuse;
Une oasis, là-haut, s'ouvre et t'attend.

Le ciel qui roule, étoilé, sans nuage,
Parmi des lis semble des flots d'azur :
Pour te baigner dans un lac frais et pur,
Jette en plongeant tes haillons au rivage !

Fuis, âme blanche, un corps malade et nu ;
Fuis en chantant vers le monde inconnu !

Fuis, sans pitié pour la chair fraternelle :
Chez les méchants lorsque je m'égarais,
Hier encor tu secouais ton aile
Dans ta prison vivante... et tu pleurais ;
Oiseau captif, tu pleurais ton bocage ;
Mais aujourd'hui, par la fièvre abattu,
Je vais mourir, et tu gémis !... Crains-tu
Le coup de vent qui brisera ta cage ?

Fuis, âme blanche, un corps malade et nu ;
Fuis en chantant vers le monde inconnu !

Fuis sans trembler : veuf d'une sainte amie,
Quand du plaisir j'ai senti le besoin,
De mes erreurs, toi, colombe endormie,
Tu n'as été complice ni témoin.
Ne trouvant pas la manne qu'elle implore,

Ma faim mordit la poussière (insensé!);
Mais toi, mon âme, à Dieu, ton fiancé,
Tu peux demain te dire vierge encore.

Fuis, âme blanche, un corps malade et nu;
Fuis en chantant vers le monde inconnu!

Tu veilleras sur tes sœurs de ce monde,
De l'autre monde où Dieu nous tend les bras;
Quand des enfants à tête fraîche et blonde
Auprès des morts joûront, tu souriras :
Tu souriras lorsque sur ma poussière
Ils cueilleront les saints pavots tremblants,
Tu souriras lorsqu'avec mes os blancs
Ils abattront les noix du cimetière...

Fuis, âme blanche, un corps malade et nu;
Fuis en chantant vers le monde inconnu!

A MES CHANSONS

Au Val-Bénit partez, fils de ma muse !
A peine éclos, c'est là qu'il faut aller ;
Partez sans moi, vous direz pour excuse :
« Il n'a pas, lui, d'ailes pour s'envoler. »

Lisant Rousseau qu'aiment tous les poëtes,
Là, j'ai coulé peu de jours bien remplis ;
Mais sans remords j'ai quitté mes Charmettes ;
L'air en est pur, ma pervenche est un lis.

Oh ! quel bonheur de revêtir la brume
Sur le coteau comme un linceul flottant,
Et de chercher à l'horizon qui fume,
Là-bas, là-bas, le toit qu'on aime tant ;

Et de poursuivre aux champs, aux bois, sans terme,
Un papillon, un rêve, un feu follet,
Sûr de trouver, de retour à la ferme,
Un doux accueil, du pain blanc et du lait !

LE MYOSOTIS

Avec le pâtre au ravin j'allais boire.
M'inspirant là, pauvre et gai, j'y vécus;
Fontaine aux vers, quel conte dérisoire
T'a fait nommer la fontaine aux écus ?

Je n'eus jamais ce qu'a la boulangère;
Mais quand l'amour me caressait alors,
S'il étreignait une bourse légère,
Il sentait battre un cœur plein de trésors.

Trésors perdus! la semence divine
Que j'étalais, vaniteux possesseur,
S'est envolée, et rien n'a pris racine,
Et cependant je lui disais : Ma sœur,

Un beau laurier sur votre front d'ivoire
Remplacera la rose du buisson.
Je le disais et mon rêve de gloire
A, *comme tout*, fini par des chansons.

Au Val-Bénit partez, fils de ma muse !
A peine éclos, c'est là qu'il faut aller;
Partez sans moi, vous direz pour excuse :
« Il n'a pas, lui, d'ailes pour s'envoler. »

CONTES

A MA SŒUR

CONTES

LE GUI DE CHÊNE

Un jour, la date précise m'échappe, mais c'était deux ans environ après la mort d'Hercule, il y avait grande foule et grand bruit à Delphes. Ce jour était le dernier des jeux Pythiens, et, chose inouïe! les luttes et les courses expiraient sans spectateurs, les athlètes et les cochers triomphaient inconnus, et l'on dit même que le poëte Simonide, qui chantait alors en plein vent la gloire de je ne sais quel cheval, n'eut, ou peu s'en faut, que son héros pour auditeur. Mais si l'arène était vide, en revanche la foule débordait du temple d'Apollon. Un mot, un mot magique avait suffi pour l'y précipiter : Voici les Héraclides! et ce mouvement de tout un peuple soulevé par un nom, vous le comprendrez sans peine, ma sœur : il n'est pas une Française, je pense, qui n'eût sacrifié de grand cœur une loge au spectacle pour voir le fils de

Napoléon (ce pâle jeune homme qui s'est laissé voir si peu de temps!) Eh bien! Hercule était le Napoléon de cette époque, et les Héraclides étaient ses fils. Un mois auparavant, Athènes les avait trouvés, à son réveil, détrônés, persécutés, sans asile, et embrassant sur la place publique l'autel de la *Miséricorde*. Leur plainte y avait remué tous les cœurs et toutes les épées, et la ville hospitalière, armée en leur faveur, les envoyait en ce moment à la tête d'une théorie, interroger, suivant l'usage, l'oracle de Delphes sur l'issue de la guerre. Delphes, comme vous le savez sans doute, était une ville sainte et pleine de merveilles, mais tout le monde traversait alors ces merveilles avec indifférence, et je ferai comme tout le monde. Je ne vous promènerai pas du Parnasse à l'Hippodrome et de l'Hippodrome au trépied, bien convaincu que vous avez fait depuis longtemps ce pèlerinage avec le *jeune Anacharsis*, cicérone plus habile que moi; et d'ailleurs, je l'avouerai, j'ai hâte aussi de voir ces fameux Héraclides.

La Grèce entière, à leur aspect, n'éprouva qu'un sentiment, l'admiration; et ce sentiment éclata par une exclamation unanime et bruyante : « Dieux immortels! qu'ils sont grands et forts! »

Un vieillard de haute taille, qu'à son bâton doré et à son bandeau de laine blanche on pouvait reconnaître pour un des vingt rois de la Grèce, se pencha vers l'oreille d'un prêtre d'Apollon, qui traversait le temple, portant une cassolette de parfums :

— J'ai connu beaucoup Hercule et Déjanire, dit-il, et ne leur savais que trois fils. Quelle est donc cette vierge voilée, assise au même banc que les Héraclides?

— Vous ne vous trompez pas, mon père : Hercule n'eut que trois enfants de Déjanire ; mais sa dernière épouse, Iole...

— C'est juste ! interrompit le vieillard, se frappant le front du doigt en signe de réminiscence : Philoctète m'a vingt fois raconté ces détails, mais... deux siècles en tombant sur une tête y peuvent bien ébranler la mémoire... Oui, je me rappelle parfaitement à cette heure qu'une fille est née de ce mariage...

— Une fille et un garçon, mon père, prononça une voix douce derrière le vieux roi. Il tourna la tête et vit un adolescent pâle et frêle qui portait le costume de l'Argolide.

— Une fille et un garçon, répéta l'interrupteur en rougissant : Ixus et Macaria.

Et le vieillard sourit : — Voyez, dit-il au prêtre ; on admire ma science à Pylos, et voilà maintenant qu'Argos m'envoie ses écoliers pour m'instruire.

— Qui vous a si bien appris, et comment vous appelez-vous, mon bel enfant?

Mais l'adolescent, sans répondre, glissa sous une caresse de Nestor, car c'était lui, et se perdit dans la foule.

La même louange y bourdonnait sans variantes : « Dieux ! qu'ils sont grands et forts ! »

En France, ce compliment vous paraît sans doute bien étrange et presque ironique ; mais songez que vous êtes ici dans un pays que les caprices du terrain et de l'ambition découpaient en vingt petits États, dont les roitelets fiers et hargneux étaient serrés les uns contre les autres et se coudoyaient en grondant, et où l'usage, commun à toute l'antiquité, de combattre homme à homme et corps à corps, faisait de la force physique la seule puissance, je dirai presque la seule vertu. On augurait alors du mérite d'après les poings et les épaules, comme on le cherche à présent sur le front et dans les yeux. Enfin, et c'est tout dire, Hercule, la personnification de la force, Hercule était dieu !

La pythie tardait bien à paraître, et l'on n'entendait pourtant aucun murmure d'impatience. La curiosité publique avait sa pâture. Hyllus, l'aîné des Héraclides, attirait surtout les regards. C'était un guerrier gigantesque, aux bras musculeux et nus, à la grosse face insouciante, et qui, une peau de lion sur les épaules, une massue à la main, affectait les poses paternelles : on eût dit Hercule lui-même, Hercule à vingt ans. Anténor, le puîné d'Hyllus, avait les traits plus fins et la taille plus élancée. Il se drapait avec complaisance dans sa divinité toute neuve, souriait aux jeunes Grecques, et, les narines gonflées, humait avec délices les parfums de l'admiration. En un mot, le divin Anténor était ce que nous autres mortels nous appelons vulgairement un fat. Quant à leur frère Égyste, il n'avait rien, sauf la force et la bravoure, de commun avec ses aînés. C'était à cette époque et dans ce pays un anachronisme vivant. Chose étrange ! il avait les cheveux blonds, et sa figure exprimait la mélancolie, sentiment tout moderne et tout chrétien. Il revenait des combats les plus terribles, doux et timide à la maison : on eût dit, sous le soleil de l'Attique, un de ces blonds guerriers du Nord qui terrassaient des géants et des monstres, puis courbaient la tête sans murmurer sous la baguette d'une petite fée. Il semblait, en regrettant Argos, pleurer quelque chose de mieux qu'un trône. Où donc s'envolaient ses soupirs ? au foyer d'un ami ? au tombeau d'une mère ? Nul ne le sait, car il n'a jamais dit son secret à personne, pas même à sa jeune sœur Macaria, la confidente pourtant des douleurs de toute la famille ! A côté de lui Macaria priait. Pardonnez-moi, ma sœur, d'avoir si longtemps oublié la vierge pour les héros. N'est-ce pas sa faute ? Voyez! cachée à l'ombre de ses frères, elle fait tout pour qu'on l'oublie : elle n'a pas encore levé son voile, et ses traits vous sont inconnus; mais vous l'aimez d'avance, n'est-ce pas ? car vous savez déjà qu'elle est pieuse et modeste.

On annonce enfin la pythie : toute brisée encore de ses dernières convulsions prophétiques, elle se traîne lentement jusqu'au trépied, appuyée sur deux prêtres d'Apollon. Voilà tout à coup qu'au fond du sanctuaire une porte s'ouvre à deux battants, et qu'une bouffée de vent s'en précipite, large et sonore, balayant la fumée des sacrifices, et secouant sur l'assemblée cet avis sacramentel prononcé d'une voix tonnante : *Le dieu! voici le dieu!* Déjà la prophétesse dans la douleur s'agite sur le trépied, et l'on écoute. Ce furent d'abord des sanglots, puis des syllabes plaintives, des mots insaisissables. Enfin le dieu parla :

» Minerve combattra!... Sur son casque divin
» Le hibou dit : *J'ai soif*, et se débat en vain...
    Minerve appelle la Victoire...
» La Victoire est sa sœur, et ne la fuit jamais...
» Je l'entends : elle arrive à grand bruit d'ailes... mais
» Le hibou dit : *J'ai soif*, et veut du sang à boire.
» Argos attend ses rois pour les déifier :
» Tremble, Argos! le hibou, dans son vol homicide,
» Tourne, et cherche un front pur qu'il faut sacrifier,
» Tourne, tourne et s'abat... Dieu! sur un fils d'Alcide! »

A cette époque si fatale pour les Héraclides, il n'y eut

dans le temple que trois hommes qui ne frémirent pas : les Héraclides.

— Désigne la victime par son nom, cria Hyllus à la pythie.

Mais elle haletait presque mourante sur les marches du trépied.

— Le dieu a été bien terrible, et une seconde épreuve la tuerait, dit solennellement le chef des prêtres; qu'un des Héraclides se dévoue.

— Je me dévoue, cria dans la foule une douce voix, la même qui tout à l'heure avait parlé derrière Nestor.

— Qui es-tu, et comment te nommes-tu? dit le prêtre d'un ton sévère.

— Je suis un fils d'Hercule, et je m'appelle Ixus.

Un bourdonnement de surprise accueillit cette réponse.

— S'il dit vrai, il est bien nommé, murmura une voix railleuse.

Vous saurez, ma sœur, qu'Ixus est, ou peu s'en faut, un mot grec qui signifie *le gui*. Les parents de l'enfant, à sa naissance, lui avaient sans doute jeté ce nom dans leur dédain, et, en effet, cette débile créature, entée sur une aussi forte race, ressemblait beaucoup à la petite plante parasite qui frissonne au vent sur les grands chênes.

— Nous t'avions défendu de nous suivre à Delphes, dit Anténor, qui s'avança menaçant vers Ixus... Mais la fille d'Hercule, immobile dans l'ombre jusqu'alors, s'élança entre les deux frères, saisit la main du plus jeune, et l'entraîna hors du temple, sourde à la voix d'Hyllus qui la rappelait, sourde à l'admiration qui murmurait sur son passage, car dans la rapidité de sa marche son voile s'était soulevé de lui-même, et Macaria était belle! belle de beauté et de grâce, et belle surtout en ce moment de cette pitié dans les yeux et dans la voix, qui embellirait la laideur même.

De retour à Athènes, où le même char ramena toute la famille, les trois guerriers décidèrent qu'ils tireraient au sort le lendemain, dans le temple de Minerve, pour savoir lequel d'entre eux devait mourir. Mais quand le pauvre Ixus arriva, tout joyeux et tout fier, pour glisser son nom dans l'urne avec ses frères, ils le repoussèrent, pensant que ce serait insulter les dieux que de présenter ainsi au Destin, souvent moqueur, l'occasion de leur jeter cette offrande maigre et dérisoire. Quant à Macaria, ils ne souffrirent pas non plus, mais pour une raison différente, qu'elle courût avec eux une chance de mort. Elle était fiancée à Lycus, un des chefs influents d'Athènes (d'Athènes qui s'armait pour eux), et, soit politique, soit reconnaissance, ils exigèrent que les préparatifs du service n'interrompissent en rien ceux des noces. Aussi Macaria trouva-t-elle au retour sa chambre toute parfumée des présents de Lycus. Mais dans un pareil moment, ses pensées, qui d'avance portaient le deuil d'un frère, n'étaient pas des pensées d'hymen; et pourtant la guirlande nuptiale était composée de si beaux lis que, d'une main distraite et presque involontairement, Macaria la posa sur son front. Elle entendit en ce moment un soupir mal étouffé derrière elle et se retourna... c'était Ixus, Ixus son frère, et dont elle était la mère autant que la sœur; Ixus, qu'elle enlaçait de ses soins parce qu'il était souffrant et dédaigné; Ixus, qui ne pouvait pas faire un pas dans la maison sans trouver Macaria pour lui sourire, et à qui la maison allait sembler bien vide et bien grande lorsque Macaria ne l'emplirait plus. Il regardait les fleurs symboliques avec des yeux brillants de larmes, et sa figure alors exprimait une telle douleur que sa sœur, habituée pourtant depuis douze ans à le voir souffrir, en fut épouvantée.

— Oh! pauvre enfant, dit-elle, pardonne-moi.

— Te pardonner, Macaria! quoi donc? tous les bonhe que tu me fais?

— Ne me remercie plus de mes soins pour toi : c'est une dette, c'est une expiation...

Les regards ébahis de l'enfant sollicitaient le mot de cette énigme.

« — Écoute, dit-elle, il y a quatre ans (tu en avais huit alors, et moi quatorze), il s'est passé dans notre famille des choses merveilleuses et fatales que mon père et mes frères ont toujours ignorées.

» Tu te souviens de cette cabane qu'ils bâtirent au bord de la mer, pour se dérober à de nombreux et puissants persécuteurs? Un soir, mon père et mes frères étaient à la chasse : las d'avoir couru tout le matin par les bois, tu venais de t'endormir d'un profond sommeil, bercé par le bruit monotone de la pluie sur la cabane : la nuit était tombée depuis longtemps, et mon père et mes frères ne rentraient pas encore. Enfin, j'entendis heurter à la porte, et j'ouvris, croyant leur ouvrir. C'était un voyageur qui sollicitait, pour un instant, un abri et un foyer. Il entra. Assise à ton chevet, pendant qu'il faisait sécher ses habits devant l'âtre, je vis avec surprise une douce et vague lumière courir sur ses cheveux blonds. J'attribuai cela d'abord au reflet du foyer; mais le foyer s'éteignit, et le front du voyageur resta lumineux. Alors je reconnus Apollon;

Apollon qui, chassé de l'Olympe, courait déguisé par le monde, mais qui n'avait pu parvenir à éteindre tout à fait son auréole.

» — Grand Dieu! m'écriai-je en joignant les mains, que voulez-vous de moi?

» — Rien, me répondit-il, rien qu'un abri; mais le temps va se faire beau et je pars : reçois ce baiser d'adieu.

» Alors je m'avançai tremblante au-devant de mon oncle; et le conduisant par la main vers la couche où tu dormais encore : — Caressez plutôt ce pauvre enfant, lui dis-je, car aucun dieu ne le caresse; touchez ses joues pâles pour qu'elles refleurissent, et soufflez sur ses lèvres pour qu'elles chantent.

» Le dieu sourit à ma prière; il se pencha sur toi et souffla sur ta bouche; mais cette haleine ardente glissant jusqu'à ton cœur l'emplit et le gonfla... et voilà pourquoi ce cœur brûle et palpite toujours; voilà pourquoi tu languis et tu meurs, pauvre enfant... Et maintenant que tu sais tout, dis, me pardonnes-tu? »

Ixus l'embrassa : c'était répondre.

« — Eh bien! prouve-le-moi donc en suivant mes conseils. Imprudent! par quel heureux prodige n'es-tu pas mort de faim et de soif sur le long chemin d'Athènes à Delphes!

— Oh! dit Ixus, j'avais fait, dès le matin, ma chanson de voyage. Quand je voyais sur une maison la fumée d'un banquet, je frappais à la porte en chantant et l'on m'ouvrait toujours.

— Chanson merveilleuse! dit Macaria en souriant; il faut me l'apprendre, Ixus, pour que je la chante aussi, moi quand j'irai à Delphes ou à Olympie. »

Ixus, par une coquette modestie, commune, à ce qu'il paraît, aux faiseurs de chansons de toutes les époques, se fit prier quelque temps, puis céda.

CHANSON D'IXUS

I

Ouvrez! je suis Ixus, le pauvre gui de chêne qu'un coup de vent ferait mourir.

Un jour, il y a douze ans, un pygmée tomba de la peau de lion d'Hercule : ce pygmée, c'était moi. Mon père ne m'aimait pas, parce que j'étais faible et petit; et lorsque, enfant, je me heurtais à ses genoux, j'entendais sur ma tête une voix gronder comme l'orage. Mes frères me battent quand je les appelle tout haut mes frères, et pourtant je veux vivre, car j'ai une sœur, une sœur qui m'aime... Elle est si bonne, Macaria!

Ouvrez, je suis Ixus, le pauvre gui de chêne qu'un coup de vent ferait mourir.

II

Mes frères m'ont dit un jour : « Sois bon à quelque chose; apprends à élever des statues et des autels, car nous serons dieux peut-être. » Et j'essayai d'obéir à mes frères, mais le ciseau et le marteau étaient bien lourds! Et puis des visions étranges passaient, passaient sans cesse entre moi et le bloc de Paros; et mon doigt distrait écrivait sur la poussière un nom, toujours le même, le doux nom de Macaria.

Ouvrez! je suis Ixus, le pauvre gui de chêne qu'un coup de vent ferait mourir.

III

Alors mes frères m'ont dit : « Nous avons pour hôte au palais un blanc vieillard de la Chaldée, qui sait lire dans le ciel les choses à venir : écoute ses leçons, et dis-nous si tu vois dans les nues venir des trésors ou des victoires. » Et j'ai écouté le vieillard, j'ai passé de longues nuits sereines à regarder le ciel; mais je n'ai vu ni victoires ni trésors, je n'ai vu que des étoiles humides et brillantes qui me regardaient avec amour... comme les yeux de Macaria.

Ouvrez! je suis Ixus, le pauvre gui de chêne qu'un coup de vent ferait mourir.

IV

Alors mes frères m'ont dit : « Prends un arc et des flèches, et va chasser dans les bois. » Et j'ai couru par les bois avec un arc et des flèches; mais j'oubliai bientôt la chasse et mes frères. Pendant que j'écoutais chanter les vents et les rossignols, une biche mangea mon pain dans ma robe, et un petit oiseau, fatigué d'un long vol, vint s'endormir dans mon carquois. Je l'ai porté à Macaria.

Ouvrez! je suis Ixus, le pauvre gui de chêne qu'un coup de vent ferait mourir.

V

Alors mes frères m'ont dit : « Tu n'es bon à rien, » et m'ont battu; mais je n'ai pas pleuré, parce que je pensais à ma sœur. Et demain, on me prendra ma sœur, et demain, quand Macaria, assise au banquet nuptial, dira : « Quelle est donc cette fumée bleue qui monte là-bas derrière ce bois de lauriers? — Oh! ce n'est rien, diront les convives.

— C'est le bûcher d'Ixus, le pauvre gui de chêne qu'un coup de vent a fait mourir.

— Non, tu vivras! s'écria la jeune fille attendrie. Je t'abriterai si bien dans mon cœur que toutes les tempêtes passeront sans que le moindre souffle t'en arrive. Lycus est heureux et fêté, lui, et les vierges d'Athènes sont nombreuses. A toi, seul et souffrant, toutes mes heures et tous mes amours! Pauvre gui de chêne! tu pareras mon sein mieux que le bouquet des mariées. Tiens, mon frère, tiens, mon poëte, voilà le prix de ta chanson... Et arrachant de ses cheveux la guirlande nuptiale, elle la jeta, trempée de larmes, aux pieds d'Ixus. Ixus voulut répondre; mais foudroyé d'émotions imprévues, le pauvre enfant eut à peine la force d'une exclamation. « Oh! »

fit-il; et portant la main à son cœur, il tomba. La fièvre l'agita toute la nuit, et toute la nuit Macaria veilla et pleura près de la couche de son frère.

C'était le lendemain que les trois Héraclides devaient aller au temple interroger sur le choix de la victime. Ils se présentèrent à l'autel comme au combat : intrépides et insouciants. Après les cérémonies d'usage, répétition à peu près exacte de ce que nous avons vu à Delphes, un prêtre de Minerve ballotta les noms dans l'urne. Un enfant s'approcha, les yeux couverts d'un bandeau. Sa main effleurait déjà les bords du vase sacré pour en sortir bientôt avec un arrêt de mort... quand tout à coup une voix de femme retentit au seuil du temple.

— Arrêtez! voici la victime.

C'était Macaria qui s'avançait lentement vers l'autel; Macaria pâle et parée, et balançant sur son beau front les bandelettes funèbres. Égyste s'élança vers elle : — Vous ici, ma sœur! vous m'aviez promis de rester près d'Ixus!

— Ixus! dit-elle en étouffant un sanglot, mort!... Et maintenant rien ne m'empêche de mourir pour vous.

Et elle poursuivit sa marche lente vers l'autel.

La foule applaudit, les Héraclides se résignèrent. A cette époque, où l'on croyait voir la main des dieux derrière toutes les choses extraordinaires, on attribua naturellement à une inspiration un dévouement si sublime. Aussi Macaria s'agenouilla-t-elle sans obstacle devant l'autel. Elle arrêta d'un geste le fer impatient du sacrificateur, pour jeter son dernier sourire à ses frères; puis ferma les yeux, entr'ouvrit le voile qui couvrait son sein...

Et deux minutes après, son corps palpitait sur l'autel.

On ne fit qu'un bûcher pour Ixus et Macaria. Et alors, par un prodige ou une illusion qui se répéta plus tard au supplice de notre Jeanne Darc, on vit ou l'on crut voir quelque chose qui s'élança des flammes vers la nue, avec un doux bruit d'ailes.

Ce qui contribua sans doute à propager cette tradition touchante, c'est qu'après la victoire des Héraclides, victoire payée trop cher pour que les dieux la leur fissent longtemps attendre, les habitants de Mycènes, après avoir inauguré en triomphe la statue d'Hercule au bord des mers, y surprirent un jour deux alcyons dans la peau du lion de Némée.

Et voilà comment passèrent un jour, à travers un siècle antique, les deux plus belles choses de ce monde et de tous les siècles : la Poésie et la Vertu !

LA SOURIS BLANCHE

Il y avait une fois, ma sœur, un vilain roi de France, nommé Louis XI, et un gentil dauphin, qu'on appelait Charlot, en attendant qu'il s'appelât Charles VIII. D'ordinaire, le vieux roi, superstitieux et malade, régnait, tremblait et souffrait, invisible, à l'ombre des épaisses murailles de son château du Plessis-lez-Tours. Mais, vers le milieu de l'année 1483, il venait de se traîner en pèlerinage à Notre-Dame de Cléry, soutenu par Tristan l'Hermite, son bourreau, Coictier, son médecin, et François de Paule, son confesseur; car il avait grand'peur, le vieux tyran, des hommes, de la mort et de Dieu. Un souvenir de sang, entre mille, celui de la mort de Jacques d'Armagnac, duc de Nemours, tourmentait son agonie. Ce grand vassal avait jadis payé de sa tête une tentative de rébellion contre son suzerain. Jusque-là c'était justice; mais le cruel vainqueur avait forcé les trois jeunes enfants du condamné d'assister au supplice de leur père, et depuis longtemps il se repentait devant Dieu de ce luxe de vengeance; il se repentait, dis-je, et pourtant il ne s'amendait pas. Par une inconséquence étrange, mais commune à bien des méchants, le remords chez lui n'était pas la pitié, et, dans le moment même où il plaçait en tremblant sa madone entre lui et le fantôme de Nemours, un des fils innocents du feu duc languissait et mourait dans un cachot du Plessis-lez-Tours.

C'était une demeure terrible et mystérieuse que ce château : ses vestibules noirs de prêtres, ses cours étincelantes de soldats, ses chapelles toujours ardentes, ses pont-levis toujours en émoi, lui donnaient le double aspect d'une citadelle et d'un couvent. On parlait bas et l'on marchait sur la pointe du pied dans ces grandes salles, comme dans un cimetière. Et, en effet, des captifs, par centaines, gémissaient ensevelis dans les souterrains; ceux-ci pour avoir parlé du roi, ceux-là pour avoir parlé du peuple, les autres enfin, et c'était le plus grand nombre, pour rien. Chaque dalle du château pouvait être regardée comme la pierre funèbre d'un vivant; et c'était là que grandissait, oisif avec un esprit aventureux, seul avec une âme ardente, le dauphin Charles, alors dans sa douzième année. Pauvre fils de roi ! il cherchait en vain où reposer ses yeux des horreurs qui l'entouraient. Une forêt verte et fraîche ondoyait au pied du château; mais les chênes y balançaient moins de glands que de pendus. La Loire serpentait vive et joyeuse à l'horizon; mais chaque nuit la justice du roi troublait et ensanglantait son cours. Aussi, quand il avait longtemps ébréché son épée vierge aux murailles, longtemps épelé les majuscules rouges et bleues du *Rosier des guerres* ou du *Saint Évangile*, l'enfant rêveur, accoudé à sa fenêtre, passait le temps à regarder le beau ciel de Touraine et à chercher dans les formes changeantes de la nue des armées et des batailles.

Un jour pourtant ses gestes et sa physionomie trahissaient

un ennui plus vif et de moins vagues préoccupations. L'*Angelus* de midi tintait déjà, et son repas du matin, composé, sur sa demande, de pâtisseries légères et de sucreries, l'agaçait vainement de ses parfums, et restait intact sur une table que le jeune prince frappait du poing avec impatience. Il se levait par intervalles, béant, haletant d'espérance et d'inquiétude, l'oreille au guet, et répétant : « Blanchette, Blanchette, viens donc ! le déjeuner fond au soleil, et si tu tardes encore, les mouches vont manger ta part. » Et, comme l'oublieux convive ne répondait pas à l'appel, le pauvre amphytrion recommençait à se désoler et à trépigner de plus belle. Tout à coup un léger bruit dans la tapisserie le fit tressaillir; il tourna la tête, poussa un cri et retomba sur son fauteuil, ivre de joie, et murmurant avec un soupir : « Enfin ! » Vous vous imaginez sans doute, ma sœur, que cette Blanchette tant désirée était quelque noble dame, sœur ou cousine du jeune prince; détrompez-vous : Blanchette était tout simplement une petite souris blanche, comme son nom l'indique; si vive qu'on eût dit, à la voir trotter, un rayon de soleil qui glisse; et si gentille, qu'elle eût trouvé grâce en temps de guerre devant Grippeminaud, Rodillard et Rominagrobis, soudards peu délicats, comme vous savez. Charles caressa la jolie visiteuse, il la contempla longtemps avec délices pendant qu'elle grignotait un biscuit dans sa main; puis, se souvenant qu'il devait à sa dignité de gronder un peu : « Ah çà, mademoiselle, dit-il d'un ton plaisamment grave, m'apprendrez-vous enfin ce que je dois penser d'une pareille conduite? Comment! on vous traite ici comme une duchesse; j'ai défendu ma porte à Olivier le Daim, dont la physionomie et l'allure de chat vous effarouchent; Bec-d'Or, mon beau faucon, en est mort de jalousie; et tous les soirs vous me quittez, ingrate, pour courir les champs comme une souris sans aveu! Et où allez-vous de la sorte, sans souci de vos dangers et de mes inquiétudes? Où allez-vous? répondez! je veux le savoir, je le veux! » L'interrogatoire était pressant, et pourtant, comme vous le pensez bien, la pauvre Blanchette n'y répondit pas; mais, fixant d'un air triste ses petits yeux intelligents sur ceux de l'enfant grondeur, elle chiffonna les pages d'un Évangile entr'ouvert sur la table, et arrêta ses pattes roses sur ces paroles : *Visiter les prisonniers*. Charles demeura surpris et confus, comme il advient aux présomptueux qui reçoivent une leçon à l'instant même où ils croyaient en donner une; car plus d'une fois il avait entendu raconter des choses étranges sur les habitants souterrains du Plessis-lez-Tours, et plus d'une fois il avait médité un pieux pèlerinage à la prison de ce jeune d'Armagnac dont l'âge et la naissance excitaient plus particulièrement sa curiosité et sa sympathie; mais la terreur que lui inspirait son père l'avait retenu jusqu'alors, et maintenant il se reprochait sa prudence comme un crime. Dès le soir même il résolut de l'expier. Quelques minutes après le couvre-feu, il s'esquiva de sa tourelle, suivi d'un jeune valet chargé d'une corbeille qui renfermait du pain, du vin et des fruits, et descendit dans une des cours intérieures du château. Une compagnie de la garde écossaise y rôdait au clair de lune le long des murailles. « *Qui vive?* cria une voix rauque et menaçante. — Charles, dauphin. — On ne passe pas! » Mais Charles s'approcha de l'officier de ronde, et lui souffla deux mots à l'oreille. « S'il en est ainsi, allez, monseigneur! dit alors le soldat visiblement déconcerté, allez! et que Dieu vous protége; car si vous êtes découvert, je suis perdu. » Notre héros employa, pour éveiller le gardien des prisons et lever ses scrupules, le même moyen avec le même succès. Peut-être, ma sœur, êtes-vous curieuse de connaître les magiques paroles qui, dans la bouche d'un enfant, faisaient baisser les épées et tomber les verrous; les voici : *Le roi est bien malade.* Charles avait foi dans cette formule dont il avait souvent éprouvé la toute-puissance : car elle rappelait aux gens du vieux Louis XI, soldats, courtisans, geôlier ou valets, qu'une bouderie d'enfant pouvait se changer tout à coup en une bonne et solide rancune de roi.

Le dauphin et le page, sous la conduite du geôlier, s'aventurèrent, non sans quelque hésitation, sous une voûte humide et sombre, et le long d'un escalier en spirale dont chaque marche gluante les menaçait d'un faux pas. Tous trois marchaient à la lueur précaire d'une torche de résine, tantôt battue par l'aile aveugle des chauves-souris, tantôt agonisant sous les gouttes d'eau que suait la voûte. Enfin un bruit vague d'abord, mais plus distinct de pas en pas, un bruit de plaintes et de soupirs leur annonça le terme du voyage. Le guide s'éloigna, et Charles recula d'horreur devant le spectacle qu'il avait sous les yeux. Figurez-vous, ma sœur, une cage de fer scellée dans le mur, basse, étroite, où chaque mouvement devait être une douleur, où le sommeil devait être un cauchemar, et dans laquelle gémissait et se tordait un enfant! Je dis *enfant*, quoique le duc de Nemours, l'hôte de cette affreuse demeure, atteignît bientôt sa dix-septième année; mais, à le voir si grêle et si pâle, on lui eût supposé douze ans au plus. A peine dans

l'adolescence, il avait tant souffert, qu'il émerveillait ses bourreaux par sa tenace longévité, et que le geôlier, dont il recevait la cruche d'eau et le pain noir quotidien, hésitait chaque jour sur le seuil du cachot, se demandant s'il ne vaudrait pas mieux envoyer à sa place le fossoyeur. Le dauphin, pour aborder le prisonnier, chercha de douces paroles et ne trouva que des larmes. Nemours comprit ce muet salut, et y répondit par un sourire de reconnaissance; puis tous deux causèrent à travers les barreaux. Quand l'un déclina timidement sa qualité de fils de Louis XI, l'autre ne put se défendre d'un mouvement de surprise et d'effroi; mais cette fâcheuse impression ne tint pas longtemps contre la parole et la figure si franches du dauphin. Étranger depuis dix ans aux choses de ce monde, le reclus fit d'abord à son noble visiteur de naïves questions qui rappelaient celles des anachorètes demandant aux rares voyageurs dans le désert : *Bâtit-on encore des villes? célèbre-t-on encore des mariages?* lorsqu'une circonstance imprévue donna un tour nouveau et plus piquant à la conversation. Un tiers vint se jeter étourdiment entre nos vieux amis d'une heure, et ce personnage mal appris, j'ai honte de l'avouer, ma sœur, n'était autre que la commensale du dauphin, la rivale de Bec-d'Or, Blanchette, puisqu'il faut l'appeler par son nom; passant au travers des grilles à la faveur de sa petite taille, elle escaladait les jambes et les bras enchaînés de Nemours, et prodiguait au prisonnier des caresses toutes semblables, sinon plus vives, à celles que le prince avait obtenues le jour même :
« Tiens! vous connaissez Blanchette? dit Charles surpris et piqué. — Si je la connais! répondit Nemours, depuis dix ans c'est ma souris à moi, c'est mon amie, c'est ma sœur. — L'in-

grate! ce matin encore elle partageait au château les biscuits de mon déjeuner. — Depuis dix ans, monseigneur, elle vient dans mon cachot partager mon pain noir. — Jour de Dieu! » murmura le jeune prince... Mais sa colère enfantine s'évanouit devant un sourire malicieux de Nemours. « Je crois, monseigneur, dit le jeune duc, que vous me feriez volontiers l'honneur de rompre une lance avec moi pour les beaux yeux d'une souris. Il m'est impossible en ce moment de répondre au cartel : voyez... » Et il soulevait aux yeux de son rival ses bras qui pliaient sous les chaînes. Alors s'émut un débat original et touchant entre le fils de Louis XI et le prisonnier de Louis XI, chacun d'eux prétendant surpasser l'autre en malheur; l'un faisant toucher à son adversaire les parois humides et les barreaux épais de sa prison, l'autre peignant l'atmosphère d'ennui et la chaîne vivante de courtisans et d'espions dont le poids l'étouffait; l'un montrant son corps torturé, l'autre son cœur saignant, et tous deux terminant leur plaidoyer par la même conclusion : « Tu vois bien, Nemours, — vous voyez bien, monseigneur, — que j'ai besoin de Blanchette pour m'aider à vivre et à souffrir. » Après une discussion longue et stérile, ils finirent par où ils auraient dû commencer : ils convinrent de prendre l'objet même du débat pour arbitre. « Voyons, mademoiselle, dit le dauphin à Blanchette, déclarez franchement auquel de nous deux vous désirez appartenir. » Et soudain vous eussiez vu la petite souris aller de l'un à l'autre avec force gentillesses, puis s'arrêter entre eux en les regardant tour à tour avec ses petits yeux brillants qui semblaient dire : *A tous deux, mes enfants!*

Ici, ma sœur, j'éprouve le besoin d'un aveu que j'avais

différé jusqu'à présent dans l'intérêt dramatique de mon récit. L'esprit, le bon cœur et les manières de Blanchette vous étonnent sans doute, et je le conçois; car moi-même, qui eus autrefois mainte occasion d'étudier de près le peuple intéressant des souris, jamais, je l'avoue, je n'ai rien observé de semblable. Il est donc urgent de le dire, Blanchette n'avait d'une souris que la forme, Blanchette était une fée! Les historiens du temps, il est vrai, n'ont rien dit de cette métamorphose; mais je puis vous en garantir l'authenticité, et de plus vous en révéler les causes secrètes, sur la foi de certain manuscrit gros et gras de science, qui m'est échu pour lot dans l'héritage de ma grand'tante. Des rats bibliophiles en ont mangé les trois quarts, les vers l'ont *illustré* de broderies à jour, et ce n'est pas sans peine, je vous jure, que je suis parvenu à déchiffrer et à traduire pour vous, de la langue romane en français moderne, le chapitre suivant, intitulé : *Comme quoi la Fée des Pleurs fut changée en blanche sourette.*

Un jour, jour de printemps et de nouvelle lune, il se fit un grand mouvement dans le royaume des fées. Les sylphides s'éveillaient avant l'aurore pour se parfumer avec la poussière des lis; les ondines cherchaient, pour se mirer, l'endroit le plus clair de leur fontaine; les dames des bois oubliaient d'agacer et d'égarer les voyageurs, pour se couronner de violettes et d'anémones; car toutes étaient conviées à une grande fête que donnait le soir même la reine des fées à son peuple. A l'heure convenue, comme vous le pensez bien, ces dames arrivèrent en foule, exactes et empressées, chacune voyageant à sa manière, l'une dans une conque de saphir attelée de papillons, l'autre dans une feuille de rose emportée par le vent;

d'autres enfin, et ce fut le plus grand nombre, chevauchant en croupe, tout bonnement, comme de simples reines, avec un chevalier de la Table-Ronde. Une seule manquait au rendez-vous. Dès le matin, l'une des suivantes de la reine, Angélina surnommée la *Fée des Pleurs* à cause de sa pitié vigilante pour toutes les infortunes, était sortie furtivement du palais. L'organe de l'ouïe, chez elle plus délicat encore que chez ce fameux géant *Fine-Oreille qui entendait lever le blé*, dit l'histoire, lui faisait distinguer de loin les plus timides palpitations des cœurs souffrants, et jamais un appel de cette nature ne l'avait jusqu'alors trouvée sourde ou négligente. Or, des cris plaintifs, des cris d'enfant l'avaient éveillée en sursaut, et soudain elle s'était dirigée vers l'endroit d'où venait le bruit : les cheveux au vent, vêtue d'une robe flottante or et azur, tenant à la main la baguette d'ivoire, marque de sa puissance, et voltigeant plutôt qu'elle ne marchait sur la pointe des gazons et des fleurs. Elle avait adopté cette allure, de peur, disait-elle à ceux qui s'en étonnaient, de mouiller ses brodequins dans la rosée, mais en effet parce qu'elle craignait d'écraser ou de blesser par mégarde la cigale qui chante dans le sillon, et le lézard qui frétille au soleil; car elle était si prodigue de soins et d'amour, la bonne fée! qu'elle en répandait sur les plus humbles créatures de Dieu. Après avoir marché longtemps de la sorte, elle s'arrêta enfin devant une petite cabane sur la lisière d'une forêt. Il serait inutile de vous en faire la description, ma sœur, car je soupçonne fort que vous avez eu comme moi le bonheur d'y faire plus d'un voyage en compagnie de l'enchanteur Perrault. Vous croyez la reconnaître, et vous ne vous trompez pas : cette cabane du bûcheron est bien celle du

Petit Poucet. Ce grand personnage historique était alors bien jeune, et ne préludait pas encore au rôle important qu'il joua depuis dans le monde. C'était lui, c'étaient ses frères dont les plaintes avaient éveillé Angélina : leurs parents, occupés au loin dans la forêt, y avaient passé la nuit pour être prêts au travail dès l'aurore, et, ne les voyant pas revenir à l'heure accoutumée, la jeune famille avait eu grand'peur.

La visite de la fée, que ces pauvres enfants connaissaient déjà, ramena pour quelque temps la paix et la joie dans la cabane. A la chute du jour, Angélina se souvint que la fête allait commencer et voulut partir; mais tous, rendus familiers par sa complaisance, la rappelaient et la retenaient à l'envi, qui par un pan de sa robe, qui par une tresse de ses cheveux, qui par le bout de sa baguette magique; et la bonne fée résistait un peu d'abord, puis souriait et cédait. Cependant un grillon, venu on ne sait comment du palais des fées (lui-même en était une peut-être), se mit à crier dans l'âtre : « A table, Angélina! le prince *Charmant* vient d'arriver, on n'attend plus personne, et le banquet solennel commence : on verra figurer au dessert les nèfles et les noisettes dont le prince *Myrtil* a fait, l'autre jour, hommage à la reine. A table! à table! car, de mémoire de grillon, jamais on ne vit plus beau festin. »

Puis voilà qu'un papillon du soir vint danser autour de la lampe en répétant : « Au bal, Angélina! la salle est déjà pleine d'harmonie et de lumière, j'ai failli tout à l'heure m'y brûler les ailes à certaine *lampe merveilleuse* qu'un beau jeune homme vient d'apporter d'Arabie. Au bal! au bal! car, de mémoire de phalène, jamais on ne vit plus **brillante soirée.** »

Et Angélina voulait partir; **mais les enfants la retenaient** avec des cris et des pleurs. « Oh! ne nous quittez pas encore, disaient-ils; et que deviendrons-nous, bon Dieu! seuls, la nuit, quand la lampe s'éteindra, quand le loup montrera ses grands yeux à travers les fentes de la porte, et que nous entendrons dans la clairière siffler les vents et les voleurs. »

Et la bonne fée souriait et cédait toujours; mais enfin les esprits de l'air, troublés, lui apportèrent à la hâte les sons d'une voix tonnante : « Angélina! Angélina! » C'était la reine des fées qui l'appelait, irritée d'une si longue absence. Épouvantée, Angélina se débarrassa des petites mains qui l'enchaînaient et sortit vite. Trop vite, hélas! car, dans son trouble, elle oublia sa baguette, dont le plus jeune des enfants s'était fait, sans songer à mal, un hochet dans son berceau. Or, vous saurez, ma sœur, qu'une fée qui perd sa baguette est une fée perdue. La pauvre Angélina ne s'aperçut de son malheur qu'à l'explosion de murmures qui salua son retour au palais, car ce fut un grand scandale pour toutes les fées, et une grande joie pour les vieilles, enchantées d'humilier enfin une compagne dont les charmes et la bonté faisaient ressortir leur malice et leur laideur. Quelques jeunes gens aussi, princes, sorciers et enchanteurs, dont Angélina, toute bonne qu'elle était, n'avait pu s'empêcher de railler quelquefois la suffisance, triomphaient de sa confusion. « Parole d'honneur, répétait aux eunes fées le prince *Myrtil*, qui n'était pas sorcier, avec ses grands airs de vertu, notre Angélina n'est qu'une bégueule. Ah! elle a perdu sa baguette!... Eh bien! figurez-vous, mesdames, qu'un jour je m'avisai de toucher à cette baguette maudite, et que la petite masque m'en donna sur les doigts si fort, si fort, que je fus un mois sans pouvoir me servir d'un casse-noisette. »

Bref, la coupable fut traduite devant un tribunal présidé par la reine et composé de vieilles fées, dont la baguette, devenue béquille, faisait peur aux enfants, qui n'avaient garde d'y toucher. La bonne *Urgèle* essaya vainement quelques observations en faveur de sa jeune amie : le délit était flagrant et la loi précise ; or, cette loi portait contre la condamnée une peine singulière : elle devait courir le monde un siècle durant, sous la forme d'un animal à son choix. Angélina fut quelque temps indécise : rossignol, elle eût chanté sous la fenêtre de la jeune fille qui veille et qui travaille au chevet de sa mère malade ; rouge-gorge, elle eût donné la sépulture sous des feuilles aux enfants égarés et morts dans les bois ; chien d'aveugle, elle eût présenté l'aumônière avec une grâce capable de toucher le cœur le plus dur et d'ouvrir la main la plus avare ; mais le privilége exclusif de pénétrer dans les greniers et les prisons la tentait surtout et la décida. Et voilà, ma sœur, *comme quoi la Fée des Pleurs fut changée en blanche sourette*, et c'est ainsi qu'elle se promenait, depuis quatre-vingt-dix-neuf ans et plus, du palais à la prison (deux prisons, bien souvent !) et de douleur en douleur, rongeant sans pitié tous les mauvais livres (on n'en voit plus de ces souris-là !) et grignotant parfois des arrêts de mort jusque dans les poches de Tristan.

Ce digne compère de Louis XI ne tarda pas à revenir au château, et son maître avec lui, et avec eux la défiance et la terreur. Cependant le prince n'en continua pas moins ses visites au prisonnier. Elles devinrent de jour en jour plus longues et plus fréquentes, et même, ce qui n'eût pas manqué d'éveiller les soupçons d'un enfant moins candide que le dauphin Charles, le geôlier, qui jusqu'alors n'avait été qu'à regret et qu'en tremblant complice de ces entrevues, semblait maintenant les encourager et les provoquer par sa complaisance. Un soir, ils causaient comme à l'ordinaire, Charles accoudé sur la partie saillante du guichet, et Blanchette trottant de l'un à l'autre et leur distribuant ses caresses avec une édifiante impartialité. La conversation, longtemps vagabonde, tomba enfin et s'arrêta sur les projets de Charles pour son règne futur. « Voyons, que ferez-vous quand vous serez roi ? dit gaiement le prisonnier, qui, plus vieux d'années et surtout de malheurs, avait dans la conversation une supériorité marquée sur son jeune ami. — Belle demande ! je ferai la guerre. — Nemours sourit tristement. — Oui, poursuivit le dauphin en se frappant le front de l'index, depuis longtemps j'ai mon projet là. D'abord j'irai conquérir l'Italie : l'Italie, vois-tu, Nemours, c'est un pays merveilleux, où les rues sont pleines de musique, les buissons couverts d'oranges, et où il y a autant d'églises que de maisons. Je garderai l'Italie pour moi ; puis j'irai prendre en passant Constantinople pour mon ami André Paléologue ; et enfin, avec l'aide de Dieu, je compte bien délivrer le Saint-Sépulcre.

— Et après ? dit malignement le jeune duc. — Dame ? après... après... après... répéta l'ignorant dauphin, quelque peu embarrassé, j'aurai le temps peut-être de conquêter encore d'autres royaumes, s'il y en a. — Et le soin de votre gloire vous fera-t-il négliger votre peuple ? ne ferez-vous rien pour lui, monseigneur ? — Si vraiment ! et d'abord, avant de partir, je donnerai Olivier et Tristan au diable, s'il en veut je supprimerai les bourreaux. »

Et comme Blanchette, à ces mots, frétillait plus joyeuse et plus caressante que jamais : « Je ferai, poursuivit-il gaiement, quelque chose aussi pour toi, Blanchette : je supprimerai les chats. »

Tous deux éclatèrent de rire à cette saillie ; mais leur accès de pétulante gaieté n'eut que la durée d'un éclair. Ils s'arrêtèrent tout à coup, et se regardèrent avec épouvante ; car il leur avait semblé que d'autres éclats de rire, trop différents des leurs pour en être un écho, retentissaient à côté d'eux dans l'ombre... Ils finirent néanmoins par se rassurer.

« Espérance et courage ! » dit alors le dauphin au jeune duc en lui tendant la main en signe d'adieu. Le pauvre captif se souleva pour saisir et presser cette main consolante ; mais ses membres, engourdis par une longue torture, servirent mal son pieux désir. Il poussa un cri de douleur, et retomba sur son escabeau : « Mon Dieu ! quand donc serai-je roi ? » ne put s'empêcher de dire le jeune prince ému jusqu'aux larmes.

— Bientôt ! Dieu le veuille ! dit Nemours. — Jamais, répliqua un troisième interlocuteur, jusqu'alors invisible. Et Louis XI parut, puis Tristan, puis Coictier, et quelques autres familiers du vieux roi. A la lueur d'une lanterne qu'un d'eux avait tenue jusqu'alors cachée sous son manteau, le dauphin put voir le terrible vieillard s'avancer à pas lents, comme un spectre, en murmurant ces mots, entrecoupés par une toux opiniâtre : « Ah ! galant damoiseau, tu fais de mon vivant les doux yeux à ma couronne !... Ah ! fils pieux et prévoyant, tu songes d'avance à mes funérailles!... Misérable! ton épée! » Un accès de toux, plus violent que les autres, l'interrompit. Charles ne fit aucune résistance; seulement il repoussa, par un geste d'indignation, Tristan qui s'avançait pour le désarmer, et remit de lui-même son épée à l'un des gentilshommes présents. Bientôt, sur un signe du roi, il disparut entraîné par des gardes. Louis XI, avant de quitter le souterrain, jeta un regard plein de haine sur la cage de sa victime, puis, se penchant vers son compère Tristan, lui glissa quelques mots dans l'oreille.

« J'entends, répondit le bourreau; il faut en finir : comptez sur moi; dès ce soir à minuit... » Et, complétant par la pantomime le sens d'une phrase déjà trop claire, il frappait sa main gauche du revers de la droite. Puis le cortége s'éloigna, et, au milieu du bruit décroissant des pas, Nemours put distinguer longtemps encore la voix du despote moribond qui toussait, grondait et crachait des arrêts de mort avec ses dernières dents.

Pauvre Nemours! ce doux rayon du ciel qu'on nomme l'espérance n'avait donc glissé dans son cachot que pour lui en faire paraître ensuite l'obscurité plus profonde. « Avoir seize ans, pensait-il, un frère comme le dauphin Charles, une sœur comme Blanchette, et mourir! » Et, dans chaque son vague et lointain de la grosse horloge du château qui lui mesurait ses dernières heures, il croyait distinguer ces mots : Mourir, il faut mourir!

En effet, le long escalier en spirale, qui conduisait au souterrain, retentit bientôt sous des pas précipités. Un ruban de lumière, échappé sans doute à la lanterne des bourreaux, tapissa le seuil de la porte. Alors le condamné, sentant bien que son heure était venue, mit précipitamment à terre la sourisfée qu'il tenait pressée sur son cœur. « Adieu, ma sourette, dit-il, sauve-toi vite, et cache-toi bien : ils te tueraient aussi. » Cependant le bruit redoubla par degrés, le ruban de lumière s'élargit, la porte roula sur ses gonds; et alors, croyant voir déjà se dessiner gigantesque sur le mur la silhouette de Tristan, Nemours joignit les mains, ferma les yeux, recommanda pour la dernière fois son âme à Dieu; et attendit... Il n'attendit pas longtemps.

« Duc de Nemours, dit une voix douce et bien connue, vous êtes libre. » Le captif tressaillit à ces mots, hasarda timidement un regard autour de lui, et crut rêver : Charles était là, non plus timide, contraint, abattu comme la veille, mais calme, grave, parlant et marchant en maître, déjà mûri et grandi par une heure de royauté. De nobles dames l'entouraient, contemplant le jeune prisonnier dans sa cage, avec des sourires et des pleurs; puis les gentilshommes qui, devant cet outrage à l'enfance, chose sacrée pour la chevalerie, tourmentaient de la main, par un mouvement convulsif d'indignation, le pommeau de leur épée; et enfin, des varlets, des pages, des écuyers en foule, portant des flambeaux, et agitant aux cris de : Vive le roi! leurs toques de velours empanachées.

« Oui, poursuivit Charles VIII, le ciel, depuis une heure, m'a fait orphelin et roi. Nemours, pardonnez à mon père, et priez Dieu pour son âme. » Puis, se tournant vers sa suite : « Qu'on abatte cette cage à l'instant, et qu'on en jette les débris à la Loire; car il n'en doit rester ni vestige ni souvenir. »

Les ouvriers, mandés d'avance, se mirent à l'œuvre avec

ardeur; mais, ô surprise! la lime s'étendait aux barreaux sans y mordre, et la pierre dans laquelle ils étaient scellés, inébranlable, ne répondait aux coups de marteau que par un bruit sourd et moqueur.

« Sire, dit un vieux moine en hochant la tête, tous les efforts humains seraient impuissants à exécuter vos ordres; car, ajouta-t-il en montrant la cage, ceci n'est pas œuvre humaine. J'ai ouï dire qu'un Bohémien, sorcier comme ils le sont tous, bâtit cette cage autrefois, afin de se racheter de la potence. Il faudrait, pour la renverser aujourd'hui, la baguette d'une fée (mais il n'existe plus guère de fées que je sache), ou bien encore la main infernale qui l'a construite, mais depuis longtemps le Bohémien a disparu.

— Qu'on cherche cet homme et qu'on l'amène, dit le roi. A qui le découvrira honneurs et largesses! un diamant de ma couronne s'il est noble; son pesant d'or si c'est un vilain! Et d'un geste il congédia son brillant cortége.

Les deux amis, demeurés seuls, sauf quelques pages qui veillaient sur eux à distance, se regardèrent silencieux. Une inquiétude terrible, et qu'ils n'osaient se communiquer, faisait battre leurs cœurs à l'unisson : « Si l'ouvrier magique était mort, pensaient-ils, si la cage enchantée ne s'ouvrait plus! » Et ils pleuraient; et, chose étrange! Blanchette, pour la première fois, semblait ne pas s'émouvoir de leurs larmes. C'est qu'une préoccupation bien vive et bien naturelle l'agitait alors. Vous vous rappelez, ma sœur, que la métamorphose expiatoire devait durer cent ans. Or, il y avait, au moment où nous parlons, 99 ans 364 jours 23 heures et 59 minutes qu'Angélina était devenue Blanchette. L'horloge du Plessiz-lez-Tours s'ébranla pour sonner une heure. Et voilà qu'aussitôt le sombre et fétide souterrain s'emplit de parfums et de lumière, la cage de fer s'émut d'un bloc comme un décor théâtral de nos jours, et s'abîma... Dieu sait où... sans doute dans l'enfer qui avait inspiré l'architecte inconnu. Les orphelins épouvantés crurent que la foudre venait d'éclater dans la prison. « Blanchette Blanchette, où es-tu? s'écrièrent-ils, tremblant pour l'existence de leur sœur adoptive. — Me voici, mes enfants, répondit une voix douce au-dessus de leurs têtes. » Alors, levant les yeux, ils aperçurent, ébahis, Angélina dans son costume de fée, debout sur le piédestal d'un nuage, et tenant à la main sa baguette reconquise. « N'ayez pas peur, enfants, poursuivit-elle : c'est moi que vous appeliez Blanchette; mes compagnes m'appellent la Fée des Pleurs... Les vôtres viennent de tarir, et ma mission près de vous est accomplie... Adieu! »

Le petit duc et le petit roi, comme jadis les enfants du bûcheron, répétaient en joignant les mains : « Bonne petite fée! ne nous abandonnez pas encore! — Il le faut, répliqua-t-elle d'un air grave : vous n'avez plus besoin de consolations, vous, et l'on en réclame ailleurs. J'entends près d'ici une petite mendiante dont les sanglots m'appellent, et j'y cours... Adieu, sire; adieu, monseigneur. »

Elle dit, et disparut dans un éclair.

LES PETITS SOULIERS

Le 6 janvier 1776, jour de l'Épiphanie, il se passa sur le gaillard d'arrière du vaisseau français *le Héron* une petite scène assez piquante pour mériter qu'on la raconte. Tous les officiers que le service de l'équipage ne réclamait pas ailleurs se promenaient, causant et fumant sur le pont, lorsqu'un jeune aspirant de marine, montant l'escalier qui conduisait à la chambre du capitaine, parut et s'écria : Chapeau bas, messieurs! voici la reine!...

Et cependant, Marie-Antoinette n'avait pas quitté Versailles; à l'aide d'Asmodée ou de la *seconde vue* des montagnards d'Écosse, on l'aurait pu voir en ce moment, dans un coin du château, à l'abri de l'étiquette, son ennemie intime, jouer la comédie en famille, recevant sa réplique du comte d'Artois, et ayant pour souffleur le comte de Provence, tous deux ses beaux-frères. Elle remplissait le rôle principal dans *le Devin du Village*, et chantait :

> J'ai perdu mon serviteur,
> J'ai perdu tout mon bonheur...

paroles qu'elle eut depuis l'occasion de répéter bien des fois sans chanter! cette pauvre reine qui est déjà tombée dans l'histoire, et qui tombera bientôt dans le drame, aussi poétique, aussi belle et plus pure que Marie Stuart.

Quelle était donc l'usurpatrice qui ramassait alors à douze cents lieues de Versailles le sceptre que la reine légitime abandonnait un instant pour la houlette?

Hâtons-nous de le dire, il n'y avait là ni fourberie ni crime de lèse-majesté. La royauté que saluait l'équipage du *Héron* n'était que l'innocente et fugitive royauté de la fève. Elle venait d'échoir, par la grâce du sort, à une jolie petite créole de la Martinique, parente du capitaine, et qui, sous la conduite d'une vieille tante, allait, comme la *Virginie* de Bernardin de Saint-Pierre, poursuivre, dans la métropole, de vagues espérances de fortune et d'héritage.

Et c'était dommage, en vérité, que la jeune reine ne fût qu'une reine pour rire; car elle s'acquittait de ses hautes et nouvelles fonctions avec un aplomb et une grâce qu'eussent enviés Catherine III et Marie-Thérèse.

« A genoux! beau page, disait-elle au jeune aspirant qui
» l'avait annoncée; ne voyez-vous pas que j'ai laissé tomber
» mon gant? — A moi! mon conseil des ministres, et ne riez
» pas, messieurs, car le cas à discuter est grave. J'aime mon
» peuple, entendez-vous, et je veux que mon peuple m'aime;
» il s'agit de décider si, pour attirer à mes pieds ses hom-
» mages, une rosette bleue sur mes souliers ne siérait pas
» mieux qu'une rosette blanche. — Comment donc! je crois
» que mon premier médecin se permet de lancer au nez de
» sa souveraine des bouffées de tabac, en guise d'encens!
» Qu'un de mes ambassadeurs monte sur l'hippogriffe à l'in-

» stant, pour aller voir dans la lune si la raison du bon doc-
» teur n'aurait pas suivi ce matin, après boire, le même che-
» min que celle de feu Roland... »

Et mille innocentes saillies, mille coquets enfantillages dont tous ces bons marins riaient de si grand cœur et si longtemps que leurs grosses pipes s'éteignaient oisives entre leurs mains.

Mais celui de tous qui semblait se réjouir le plus du triomphe de l'aimable enfant était un vieux matelot breton nommé Pierre Hello, ayant moins de rides que de blessures, qui ce jour-là même avait reçu une médaille d'honneur, tardive récompense de ses longs services! et qu'à cette considération le capitaine venait d'admettre à sa table, au repas présidé par les deux dames créoles, ses parentes. Marie-Rose, ainsi se nommait la jeune fille, s'était émerveillée depuis longtemps au récit des belles actions de Pierre Hello. Elle l'avait complimenté, caressé, et le cœur du rude vieillard, neuf encore à de pareilles émotions, avait palpité, sous ces caresses d'enfant, aussi fort qu'à la réception de sa médaille d'honneur. C'était lui seul qui la servait : c'était encore, ou peu s'en faut, lu seul qui veillait sur elle : car la tante de Marie-Rose, bonne vieille clouée sur sa chaise par la goutte, passait tout le jour absorbée dans la lecture de saint Augustin, ne l'interrompant par intervalles que pour dire : « Ici, Minette! ici, Marie-Rose! » quand elle voyait son chat courir dans la cale après une souris, ou sa nièce sur le pont après un rayon de soleil. Mais élevée, comme la plupart des filles de colons, dans la plus large indépendance, Marie-Rose n'écoutait pas ou feignait de ne pas entendre. Tantôt elle montait aux échelles et se balançait aux cordages, et alors Pierre Hello la regardait d'en bas, prêt, si elle tombait sur le pont, à la recevoir dans ses larges mains, comme il eût reçu un oiseau que la fatigue abat, ou à la repêcher à la nage si le vent l'eût jetée à la mer. Tantôt elle amusait l'équipage oisif par ses chansons et par ses danses, et alors Pierre Hello, attentif, semblait avoir trouvé tout à coup de l'intelligence pour comprendre les vers, et du goût pour sentir la grâce. Le lendemain de l'Épiphanie et de sa courte royauté, l'aimable enfant parut triste et pensive, et le vieux loup de mer se posa devant elle, inquiet et silencieux comme un caniche qui voit pleurer son maître. Elle ne put s'empêcher de répondre par une confidence à ce regard compatissant et interrogateur. Une vieille négresse marronne, qui passait pour sorcière, et à qui Marie-Rose portait en cachette du pain dans les bois, lui avait fait une prédiction étrange qui la préoccupait, et dont elle avait retenu les paroles textuelles :

« Bonne petite maîtresse, moi avoir vu dans la nue grand
» condor monter bien haut, bien haut, avec rose dans son
» bec... Toi, être Rose... Toi, bien malheureuse; puis toi
» reine, puis grande tempête, et toi mourir. »

— J'ai été reine hier, ajouta-t-elle, et je n'attends plus maintenant que la tempête qui doit m'emporter...

— N'ayez pas peur, mademoiselle, répondit Hello; s'il arrivait malheur au *Héron*, vous n'auriez qu'à saisir le pan de ma ceinture... là... comme ceci, et, avec l'aide de Dieu et de mon patron (un grand saint, voyez-vous! car il marchait sur l'eau sans enfoncer, ce qui, foi de marin, est un bien beau miracle!) vous aborderiez aussi doucement à terre qu'une goëlette remorquée par un trois-mâts.

Marie-Rose, un peu rassurée, paya le dévouement du brave

homme en lui chantant une romance que personne n'avait encore entendue. C'étaient, quand son départ fut décidé, ses adieux et ses plaintes qu'un jeune créole, son voisin, avait mis pour elle en vers et en musique :

   Petit nègre, au camp qui fleuronne,
   Va moissonner pour ma couronne :
   La négresse fuyant aux bois,
     Marronne,
   M'a prédit la grandeur des rois
     Vingt fois.

   Petit nègre, va, qui t'arrête ?
   Serait-ce déjà la tempête
   Qui doit effleurer si souvent
     Ma tête,
   Et jeter mon bonheur mouvant
     Au vent?

   Las ! j'en pleure déjà la perte.
   Adieu donc, pour la mer déserte,
   La rivière des Trois-Ilets
     Si verte,
   Où, dans ma barque aux blonds filets,
     J'allais

   Adieu : les vents m'ont entraînée,
   Ma patrie et ma sœur aînée !
   La fleur veut mourir où la fleur
     Est née,
   Et j'étais si bien sur ton cœur,
     Ma sœur !

Mais il est un âge où toutes les douleurs passent légères et fugitives, où la mélancolie du soir sèche au matin comme la rosée ; et Marie-Rose avait cet âge. Le lendemain, elle dorsait encore; les jours, les semaines s'écoulèrent, sans user cette gaieté pétulante; mais il n'en fut pas de même de ses petits souliers. Le dernier bond d'une farandole en emporta les derniers lambeaux. Par malheur, la garde-robe de ces dames était légère; elles allaient à Paris, et avaient cru devoir, pour la remonter, attendre les conseils de la Mode dans son empire. Bientôt Marie-Rose fut réduite à s'asseoir immobile à côté de sa tante, cachant ses pieds nus sous sa robe, remuant la tête et le corps dans un besoin fébrile du mouvement, mais n'osant risquer un pas, semblable à cette Daphné des Tuileries dont le buste est vivant encore quand ses pieds ont déjà pris racine. La petite reine pleurait là, captive comme dans une tour enchantée, et attendant qu'un chevalier, passant, la délivrât.

Ce chevalier passa, et ce fut Pierre Hello. « Laisser nus de si jolis pieds, disait-il avec l'accent de l'indignation, il faudrait n'avoir pas pour deux liards de cœur! » Mais si le poëte a dit : *L'indignation fait des vers*, il n'a pas dit qu'elle pût faire des souliers. Pierre Hello réfléchit, se frappant le front, se grattant la tête, et promenant d'une joue à l'autre, ce morceau de tabac que les marins ont l'habitude de mâcher... enfin *sa chique*. C'est un vilain mot; mais pardon, il n'y en avait qu'un pour exprimer la chose, et cette chose est trop importante quand il s'agit de mœurs maritimes, pour qu'un narrateur consciencieux n'en parle pas. La chique est à la pensée du matelot ce que l'aiguille est à l'horloge : quand la pensée va, la chique tourne. C'est qu'aussi il s'était posé une question bien ardue pour un mathématicien novice : *Faire quelque chose avec rien*, problème que Dieu seul a pu résoudre.

« Un morceau de cuir ! ma pipe et ma médaille pour un morceau de cuir ! » disait-il avec l'énergie désespérée de Richard III, criant : « Une épée ! mon royaume pour une épée ! » Certes, tous les filets de l'équipage se fussent déployés bien vite à la mer s'il eût connu l'histoire de don Quichotte, et osé se flatter d'avoir la main aussi heureuse que Sancho Pança, qui, jetant ses hameçons aux truites, y voyait mordre des savates. Il chercha, fureta, remua ; sa main passa partout où une souris pouvait passer. Enfin, il poussa un cri de joie, un cri semblable à celui d'Harpagon retrouvant sa cassette, ou de J.-J. Rousseau couvant des yeux sa pervenche. Ce n'était pas une fleur, ce n'était pas un trésor que Pierre Hello venait de découvrir, c'était quelque chose de bien plus précieux, ma foi : c'était une botte ! la botte d'un soldat tué dans un abordage ; elle avait roulé dans un coin de la cale, Dieu sait comment ! Depuis elle était restée là, portant le deuil de sa sœur jumelle noyée dans la mer ou ensevelie dans le ventre d'un requin ; et croyant bien, comme le rat de La Fontaine, que les choses d'ici-bas ne la regardaient plus. Mais Pierre Hello en décida autrement : se servant de son poignard en guise d'alène et de tranchet, il perça, il tailla si bien, qu'il fit en moins d'une heure... je voudrais bien pouvoir dire qu'il fit une paire de souliers ; mais, par respect pour la vérité, je n'ose... Ce qu'il fit, ce n'était précisément ni des souliers, ni des brodequins, ni des bottines, ni des chaussons, ni des socques, ni des cothurnes, ni des babouches, ni des mocassins ; c'était dans l'art de la chaussure, une œuvre originale, fantastique romantique, une chose sans nom ; mais enfin cette chose sans nom pouvait à la rigueur s'interposer comme une armure défensive entre l'épiderme du pied humain et le parquet. Le brave Hello courut aussitôt à la cabine de Marie-Rose, où après avoir, à grand'peine et aux éclats de rire de la jeune fille, emboîté, ficelé ses pieds nus dans cette bouffonne chaussure, il se releva, croisa triomphalement ses bras sur sa poitrine, et dit : Voilà !... et une heure après, la bayadère dansait encore, dansait avec un poids à chaque pied, aux applaudissements de son parterre, conquis cette fois à double titre, car il y avait dans cette danse le mérite combiné de l'art et du tour de force : c'était mademoiselle Taglioni et madame Saqui résumées d'avance en deux jambes.

Enfin, après une longue traversée, la vigie cria : *Terre !* Et ce fut, je vous assure, une scène vraiment touchante que celle du matelot et de la jeune créole. « Je penserai toujours à vous et je garderai vos souliers comme un souvenir, comme une relique, disait Marie-Rose pour consoler Pierre Hello, qui passait sur ses yeux humides le revers de sa main calleuse. — Oh ! répondait-il en secouant la tête, vous allez à Paris, où de nouveaux amis vous feront perdre le souvenir du pauvre Hello, qui ne vous occupera guère. — Toujours ! » répéta-t-elle, entraînée par sa tante. Il la suivit longtemps des yeux : elle se retourna souvent, et il ne pouvait déjà plus l'entendre qu'elle répétait encore en agitant son mouchoir : « Toujours, Hello, toujours ! »

Pierre Hello ne put savoir si la jeune fille tint parole, car il toucha bien rarement la terre, et fut tué dans la guerre d'Amérique. Quant à Marie-Rose...

Mais voici, au travers de mon histoire, le grand fleuve de la révolution française qui passe ; fleuve étrange et qu'on ne sait comment nommer : Pactole au sable d'or, Simoïs teint de sang, Eurotas aux lauriers-roses. Son bruit et sa profondeur vous causeraient des vertiges. Donnez-moi la main, ma sœur, fermez les yeux et sautons par-dessus...

Bien ! nous voici tombés au milieu de l'empire, et nous sommes à la Malmaison, retraite de la noble et malheureuse Joséphine, veuve, par une séparation légale, de Napoléon vivant encore, mais toujours impératrice et toujours adorée des Français, qui l'avaient épousée, eux aussi, dans le cœur, et qui n'avaient point souscrit au divorce.

Accoudée dans sa chambre sur la boîte d'un piano, elle écoutait en souriant une députation de jeunes demoiselles attachées à sa personne, et qui sollicitaient, tremblantes, la permission de jouer des proverbes au château. « Volontiers, mes enfants, répondit la bonne Joséphine ; je veux même me charger des costumes. Grâce à la générosité de l'empereur, ma garde-robe y peut abondamment fournir. Tenez, voici ce que Marchand vient encore de m'apporter tout à l'heure. »

Et elle repoussait négligemment du pied une fourrure étendue sur le tapis. Cette parure était si belle, que mademoiselle S.-R., la plus jeune des ambassadrices, ne put s'empêcher de dire, en frappant l'une contre l'autre ses blanches mains en signe d'admiration :

« Dieu ! que Votre Majesté est heureuse !

— Heureuse ! murmura Joséphine, heureuse !... »

Elle parut rêver un moment, et ses doigts distraits, errant sur les touches de son piano, en tirèrent quelques notes de la romance que nous connaissons déjà :

> La fleur veut mourir où la fleur
> Est née,
> Et j'étais si bien sur ton cœur,
> Ma sœur!

Puis, secouant les souvenirs qui l'oppressaient, elle se leva :

« Qui m'aime me suive, mesdemoiselles; venez voir et choisir vos costumes. »

Et, précédant le jeune et fol essaim, elle entra dans sa garde-robe. Toutes les jeunes filles ouvrirent alors des yeux émerveillés, comme le fils du bûcheron descendu pour la première fois dans la caverne d'Ali-Baba. Il y avait là des gazes si légères, qu'elles se fussent envolées comme les fils de la Vierge, n'eût été le poids des pierreries qui les bordaient; il y avait là des mantilles espagnoles, des mezzaros italiens, des peignoirs d'odalisques, tout imprégnés encore des parfums du harem et de la poudre d'Aboukir, et enfin des robes de madone si belles, que la Vierge de Lorette elle-même ne les eût mises autrefois que le jour de l'Assomption.

« Prenez, enfants, dit la bonne impératrice, et amusez-vous bien. Je vous abandonne toutes ces belles choses qui vous font ouvrir de si grands yeux, toutes, hormis une seule, car celle-là m'est trop précieuse et trop sacrée pour qu'on y touche. »

Puis, voyant à ces mots la curiosité étincelante sous toutes les paupières : « Je puis cependant vous faire voir ce trésor, » ajouta-t-elle.

Je vous laisse à penser, ma sœur, si l'imagination, cette

folle du logis, qui en est la maîtresse à quinze ans, prit ses ébats dans toutes ces têtes enfantines.

Qu'était-ce donc que cette merveille qu'il était défendu de toucher quand on froissait à loisir tant de merveilles?

Une robe couleur du temps, de la lune ou du soleil, comme dans *Peau d'Ane*? Cet œuf d'oiseau qui, suivant les contes arabes, est un diamant et peut rendre invisible? Un éventail fait avec les ailes d'un génie de l'Alhambra? Le voile d'une fée, ou bien quelque ouvrage plus précieux encore commandé par l'empereur à l'un de ses démons familiers, *le petit homme rouge* ou *le petit homme vert*? Qu'était-ce donc?

Enfin, prenant pitié de la curiosité impatiente qu'elle venait d'irriter elle-même avec une innocente malice, Joséphine fouilla dans un coin de sa garde-robe impériale et en tira.

. . . .

Ce n'était, cette fois, ma sœur, ni un cadeau de Napoléon ni l'œuvre d'un génie : c'était l'œuvre et le présent du marin breton, Pierre Hello, c'étaient les souliers de Marie-Rose.

Car, vous l'avez deviné déjà, l'impératrice Joséphine et la danseuse aux pieds nus ne sont qu'une même personne et un même cœur. Quand l'épée de Bonaparte commençait à découper l'Europe comme un gâteau, Joséphine-*Marie-Rose* Tascher de La Pagerie, heureuse cette fois, eut la fève et régna. Elle régna longtemps; mais voilà qu'un jour il se fit tout à coup une grande tempête en Europe; les neiges de la Russie se soulevèrent d'elles-mêmes pour retomber en blanc linceul sur nos soldats; les quatre vents nous soufflèrent des avalanches d'ennemis, et il y eut alors en France, aux éclairs du sabre et du canon, et sous les lourds piétinements de la bataille, des tremblements de terre aussi forts que ceux des Antilles… Lorsque enfin notre ciel redevint beau, la prédiction de la négresse était accomplie tout entière… le grand condor foudroyé avait laissé tomber la rose, et la créole des Trois-Ilets, deux fois reine, était morte dans la tempête !

THÉRÈSE SUREAU

Je flânais un jour avec délice, bouche béante et le nez en l'air, sous les marronniers en fleurs du jardin des Plantes; car ce jour était un dimanche, et j'étais alors de mon métier compositeur d'imprimerie; or, par la littérature qui court, c'est un terrible métier, je vous jure. Figurez-vous que j'avais pâli et bâillé toute la semaine sur le nouveau roman d'un auteur en vogue. « Mais pourquoi donc, avais-je murmuré vingt fois, » souffleter ainsi, brutalement et à tout propos, Vaugelas, » Restaut et Wailly, avec lesquels je gagerais que ce monsieur » n'eut jamais rien à démêler!... » Aussi, dès le matin du jour libérateur, ma main, complice involontaire et noire encore de mille attentats à la langue, s'était cachée honteuse sous un gant. Le dimanche, comme vous savez, est pour le peuple un jour de métamorphoses; je m'avisai ce jour-là d'être galant.

Parmi les promeneurs groupés, toujours curieux et toujours les mêmes, devant l'enceinte close où se pavane l'éléphant, je venais d'apercevoir une jeune dame dont j'avais peine à m'expliquer la présence en pareil lieu, car, bien que sa mise fût d'une grande simplicité, sa figure, éclatante de pâleur sous un bandeau de cheveux noirs, ne manquait pas de distinction, et ses lèvres plus d'une fois avaient accueilli par un mouvement ironique les sottes observations qui pleuvaient autour de nous. J'épiais l'occasion de lui adresser la parole : elle ne se fit pas attendre. Son sac, qu'elle avait ouvert, m'avait laissé voir, entre un rouleau de papier et un in-octavo, trois petites pommes de reinette. Un mouvement de l'inconnue me fit croire qu'elle voulait, elle aussi, payer son tribut au vorace animal : « Prenez garde, lui dis-je ; une dame, dimanche dernier, avançait étourdiment comme vous le bras où pendait son sac pour offrir un échaudé à l'éléphant, et ce gastronome peu délicat happa et engloutit du même coup le sac et l'échaudé ; prenez garde ! » — Encouragé par un sourire de ma voisine, je poursuivis : « Tenez, lui dis-je, c'est ainsi qu'il faut s'y prendre. » Et, saisissant une des pommes entre le pouce et l'index, je l'offris à l'animal. Il l'avala de si bonne grâce que je pris à l'instant la seconde, qui disparut comme sa sœur. J'aurais fait suivre le même chemin à la dernière, si la main que j'étendais n'eût plongé dans le vide : la jolie promeneuse avait disparu.

Je m'éloignais, soucieux et marchant au hasard, lorsqu'au détour d'un sentier solitaire, j'aperçus l'objet de ma préoccupation. Assise sur un banc de pierre, la dame aux pommes de reinette en croquait à belles dents la dernière, sans la peler, et, tout en mangeant, parcourait des yeux et de la main les pages du livre déployé sur ses genoux. Je m'arrêtai à quelques pas, pétrifié de surprise et de confusion. Hélas ! je le comprenais enfin, mais trop tard, ce n'était point à l'éléphant qu'était destiné ce plat de dessert, et, dans ma gauche courtoisie, j'avais volé à la dame de mes pensées les deux tiers de son déjeuner. Que faire ? c'eût été ajouter à la sottise et à l'offense que de lui en offrir brutalement d'autres, et cependant je mourais d'envie d'acquitter ma dette.

Son repas pythagorien fini, elle continuait sa lecture qui paraissait l'intéresser beaucoup. Alors j'eus une idée bizarre. Je me souvins qu'un étudiant de mes amis avait conquis autrefois les bonnes grâces d'une reine de comptoir en usurpant le nom de Casimir Delavigne, et soudain mon projet fut arrêté. Au moment où la jeune lectrice, par un mouvement d'admiration idolâtre, touchait de ses lèvres roses un feuillet du livre : « Merci, » dis-je bravement, et je m'avançai. L'inconnue leva les yeux : « Comment, dit-elle, rouge comme une cerise, vous seriez... » Je l'interrompis en m'inclinant d'un air modeste. Alors vous eussiez vu la pauvre enfant frémir d'un saint respect, et vous-même, vous frémiriez d'indignation, lecteur, si je vous disais de quelle auréole poétique je m'étais effrontément coiffé. J'offris mon bras à la promeneuse solitaire. Il va sans dire qu'il fut accepté. Chemin faisant, ma compagne me prodigua les confidences : c'était une femme auteur fraîchement débarquée, comme tant d'autres, de la province qui ne la comprenait pas, à Paris, qui se souciait fort peu de la comprendre. Elle avait composé *dans la solitude et le silence*, disait-elle, un volume de poésie, qui courait grand risque, pensai-je, de mourir comme il était né. De plus, elle venait de jeter dans les cartons d'un théâtre du boulevard un drame en cinq actes, intitulé, autant qu'il m'en souvient, *Zénobie*. Le souffleur, l'allumeur, le machiniste et autres littérateurs lui avaient conseillé, dans l'intérêt de la pièce, d'y tailler un rôle pour un éléphant, ce qui m'expliquait enfin son attention de tout à l'heure aux allures du gigantesque comédien. Hélas ! la pauvre dévote croyait se confesser au grand prêtre de la religion romantique ; et moi, je l'écoutais, rougissant et balbutiant, comme l'écolier espiègle qui s'est caché, la veille de Pâques, dans un confessionnal pour surprendre aux jolies pénitentes l'aveu de leurs péchés mignons. Notre promenade vagabonde nous avait entraînés hors du jardin. J'allais, j'allais toujours, et ma compagne suivait sans défiance ; ce n'était pas un homme, mais un poëte qu'elle suivait. Pour elle, le bourdon de *Notre-Dame*, sonnant vêpres, sonnait ma gloire ; pour elle je portais sur le front une flamme bleue comme les Génies des contes, et, sur la foi de cette étoile, elle m'eût suivi sans hésiter jusque dans la *Cour des Miracles*. Nous nous trouvâmes ainsi, loin, bien loin de notre point de départ, en face d'une jolie guinguette que je connais. « Si nous entrions là, lui dis-je, nous serions plus à l'aise pour causer, » et, sans attendre de réponse, je franchis le seuil, entraînant avec moi la naïve provinciale, quelque peu étonnée de ces lestes façons, et les attribuant sans doute *in petto* à l'originalité, compagne ordinaire du génie. Les deux pommes volées m'avaient pesé jusque-là sur la conscience ; mais enfin mes remords s'évanouirent entre un rôti et un dessert. Cependant la conversation ne cessait pas d'aller son train. — « Comment me conseillez-vous de signer mon nouveau recueil ? dit la muse : vous le savez, un nom sonore impose quelquefois au lecteur, et l'on aurait grand'peine à croire au talent d'un poëte qui s'appellerait prosaïquement Thérèse Sureau. »

Je bondis à ce nom bien connu, et, béant, immobile, je fixai sur celle qui me parlait des yeux épouvantés. — « Ma cousine ! » balbutiai-je en retombant sur ma chaise.

Elle trahit par un geste son désappointement. « Non, je ne suis pas un poëte et je vous ai trompée, poursuivis-je en prévenant ses questions. Je suis tout simplement, belle muse, Pierre-Jacques, votre cousin, ouvrier imprimeur... pour vous servir ! »

Et en effet c'était bien Thérèse, Thérèse, la mieux aimée de mes compagnes d'enfance, et dont, sous un masque récent de pâleur, la figure, autrefois si rose, n'avait d'abord éveillé chez moi qu'un vague souvenir. A dix-sept ans, elle était devenue ma cousine (rien que ma cousine, hélas!) en épousant un gros, gras et riche fermier, mon parent, qui ne tarda pas à la laisser veuve, en tombant un soir, après de ferventes libations au saint du village, dans un piége à loup, d'où on le retira mort le lendemain.

Élevée par les dames du château, et leur demoiselle de compagnie avant ce mariage, la jeune veuve se laissa bientôt aller à la vie élégante qu'elle avait essayée autrefois et à la poésie, ses premières amours. Inondé de pluie, de grêle et de procès, son petit domaine s'en alla sous ses pieds comme un sable mouvant, tandis qu'elle regardait le ciel. A son arrivée à Paris, elle était riche encore d'une vigne et d'un pré; mais il fallait payer les frais d'impression de ses poésies, mais il fallait jeter un peu de poudre d'or sur les feuilletons, si bien que la jeune fermière ne possédait plus rien au soleil que sa jeunesse et sa beauté; et Thérèse n'entendait rien, Dieu merci ! à l'exploitation d'un pareil fonds.

Après un moment de silence : « Je n'essaierais pas, lui dis-je, de vous détourner d'une carrière à laquelle vous seriez fatalement prédestinée; mais êtes-vous bien sûre de votre vocation? De quel droit vous proclamez-vous poëte? Est-ce pour avoir quelquefois aligné des alexandrins et accouplé des rimes? Mais, à ce compte, je suis poëte aussi, moi ; mon voisin l'étudiant, mon antipode l'épicier, le sont encore; et mon portier, qui l'est tant soit peu lui-même, balaie tous les matins de la poésie à chaque étage. Prenez garde de vous tromper, et de prendre pour votre étoile un feu follet qui vous conduirait... Dieu sait où! à la misère, à la honte, à la mort! Mon état, cousine, me donne le droit de vous parler ainsi. La typographie, voyez-vous, est l'antichambre de la littérature, et, comme tout valet de grande maison, je regarde quelquefois par le trou de la serrure. L'autre jour, par exemple, le prote me députa chez un auteur qui faisait attendre *de la copie*. C'était, comme vous, Thérèse, une jeune fille de vingt ans. Je la trouvai malade, au lit, et soignée par sa mère. Elle écrivait. De temps en temps sa tête fatiguée retombait sur sa poitrine, la plume s'arrêtait sous ses doigts amaigris, et alors elle demandait une tasse de café. C'était pour s'inspirer, disait-elle; mais la perfide liqueur lui versait à la fois la fièvre et l'inspiration, et chaque phrase, chaque vers coûtait à la malade un quart d'heure de vie. « Hâtez-vous, madame, lui avais-je dit étourdiment, car nous attendons, et nous avons besoin de travailler. — Vous avez besoin de travailler, murmura-t-elle en regardant sa mère, et moi donc!... »

« Ceci n'est pas un roman, cousine; la jeune muse chantait hier encore; elle est muette aujourd'hui, et si vous désirez savoir son nom...

— Silence, grâce, dit vivement Thérèse! ce nom, je le connais; cette histoire, je la sais. Pauvre sœur aînée, si le sommeil de la mort a des rêves, ta gloire posthume du moins te console aujourd'hui dans la tombe!

— Sa gloire, cousine! interrompis-je en souriant avec tristesse.

— Oseriez-vous l'attaquer?

— A Dieu ne plaise que je veuille arracher avec mes mains noires quelques brins de laurier à une tête de mort! Mais si j'étais père et qu'on m'eût invité, comme tant d'autres, à souscrire pour le monument funèbre de la jeune bretonne : « De grand cœur, aurais-je répondu; mais à condition qu'on y gravera pour épitaphe : *Ci-gît une honnête fille tuée à vingt ans par la manie d'écrire*, et plus bas : *Il est défendu de déposer des vers sur cette tombe.*

» Et quand même la foi que vous avez dans votre génie ne serait pas une erreur, écrire, chanter, jeter de l'éclat et faire du bruit, est-ce bien là, Thérèse, le rôle qui convient à une femme? qu'en dites-vous? Pour moi, le cœur me saigne et la rougeur me monte au front, toutes les fois que je lis dans un journal ces paroles ou l'équivalent :

» Une jeune dame qui se cache sous le pseudonyme trans-
» parent de *** vient de publier un nouveau roman auquel
» la vogue est assurée. Cette fois, plus de voile sur les situa-
» tions, plus de réticence dans les expressions. On devine
» que l'aimable auteur s'est inspirée de ses souvenirs, etc.
» Prix : 7 fr. 50 c. »

» Cette annonce, à votre avis, n'est-elle pas le digne pendant de cette autre que j'entendis un jour hurler sur les tréteaux de la foire :

» Entrez, Messieurs et Dames; vous y verrez la petite

» Ourliska, princesse de Caramanie, qui a eu des malheurs.
» Elle est âgée de seize ans, danse sur la corde sans balancier,
» marche sur la tête comme un ange, et fait le grand écart...
» Que c'est étonnant pour son âge ! Entrrrrez... ça ne coûte
» que deux sous !... »

» Un honnête homme, dit-on, à qui des Bohémiens avaient
enlevé sa fille au berceau, faillit devenir fou de douleur en la
retrouvant un jour déguisée en princesse de Caramanie. Et que
dirait le vôtre, cousine, le vôtre, qui est pieux et qui sait lire,
s'il vous rencontrait un beau matin, dansant sur la phrase
dans un journal ou faisant le grand écart dans un roman ? »

Une larme coula sur la joue de Thérèse.

« Victoire ! dis-je ; voici une perle assez précieuse pour
acheter le pardon d'un père. Courons lui offrir cette larme
chaude encore : son baiser l'essuiera, j'en réponds. »

Elle résista, mais j'insistai ; elle discuta, mais je suppliai ;
bref, je fis près de ma cousine, pour la ramener à Dieu, ce
que j'eusse fait près d'une autre pour la gagner au diable ; si
bien que le soir même je l'entraînai à la diligence avec ses
bagages (presque aussi légers qu'elle !), et que le lendemain
nous roulions tous deux sur la route de Champagne, elle pâle
et souffrante encore de sa gloire avortée, moi gai, triomphant,
et criant au postillon : « Ne verse pas, camarade : tu portes
une Muse et sa fortune ! »

Je ne pus assister à l'entrevue de l'enfant prodigue et de son
père, je m'étais arrêté en chemin, à deux lieues du village,
dans une imprimerie toute petite, mais proprette, coquette,
hospitalière (vous la connaissez, ma sœur), où je me reposais
voluptueusement sur d'innocentes affiches de la littérature

parisienne. Mais le dimanche suivant, comme vous pensez bien, j'arrivai chez mon oncle presque aussitôt que l'aurore. Je trouvai ma cousine chantant à sa fenêtre pour bercer un petit enfant tourmenté par la dentition ; et si, d'aventure, vous êtes curieuse de connaître sa romance, je l'ai retenue, la voici :

LES DENTS DE LAIT

Pauvre muse dédaignée
Dans le pays des méchants,
A ton berceau, résignée,
Loïs, j'apporte mes chants ;
Cette fois, ma gloire est sûre.
Mon public est sans sifflet,
Et son baiser sans morsure :
Il n'a que ses dents de lait.

Dans les sentiers de la vie,
A tous les buissons pendant,
Un fruit nommé *Poésie*
Tente la main et la dent ;
A l'enfant qui le regarde
Sa couleur vermeille plaît :
Beau Loïs, un jour, prends garde
D'agacer tes dents de lait !

Le ciel de la ville est sombre :
Oiseau fidèle à ton nid,
Si tu chantes, chante à l'ombre
De notre clocher bénit.
Pour le bonheur seul respire,
Et même, à l'heure qu'il est,

> Qu'en dormant un long sourire
> Laisse voir tes dents de lait.
>
> Oui, qu'une douce chimère
> Caresse ton front vermeil;
> Rêve des baisers de mère,
> Je vais, pendant ton sommeil,
> Au pâle éclair de la houille,
> Filant comme elle filait,
> Demander à sa quenouille
> Un pain pour tes dents de lait.

Bravo! m'écriai-je, et d'un bond je fus dans la chambre. Thérèse m'accueillit cordialement, mais d'un air un peu froid. Ses manières trahissaient une préoccupation secrète, et faisaient soupçonner que la jeune métromane n'était pas tout à fait guérie, mais seulement convalescente. Je me trouvai un moment après attablé entre elle et son père, devant une excellente soupe au choux que l'ex-muse prétendit avoir faite elle-même et sans collaboration, la vaniteuse! Le repas fut gai : on rit, on jasa beaucoup, je soupçonne même que l'on déraisonna un peu : la piquette et la joie font de ces tours. Malheureusement, comme je portais mon mouchoir à mes yeux, attendri par les remercîments du bonhomme, le mouvement fit sauter de ma poche une lettre à l'adresse de Thérèse. Pendant que je présidais, à Paris, au transport de ses effets, allant et venant du troisième étage à la rue, son portier m'avait remis pour elle ce billet, qui était resté jusque-là oublié et enseveli dans la poche de mon habit des dimanches Hélas! plût à Dieu que les souris de ma chambrette eussent mangé la lettre et l'habit! c'était une invitation d'un directeur de théâtre à l'auteur de

Zénobie, que l'on attendait, disait-il, pour commencer les répétitions de son drame, reçu la veille par acclamation. Thérèse en fit lecture à haute voix, et dès lors je sentis que c'en était fait de son bonheur. Nous n'opposâmes qu'une résistance faible et sans espoir à l'invincible fascination qui l'entraînait ; elle partit... et sans retour !

Un mois après nous pleurions, son père et moi, sur une lettre au cachet noir portant le timbre de Paris. Thérèse impatiente de partir, n'avait trouvé, aux messageries de la ville voisine, de place vacante que sur l'impériale, et battue tout un jour par la pluie et le vent, avait passé, à son arrivée, de la voiture sur un lit d'agonie. La gloire l'eût guérie peut-être ; mais à l'instant même où elle se traînait avec effort vers le théâtre dont les appels l'avaient égarée, ce théâtre, comme par une vengeance du ciel, croulait dans les flammes avec ses oripeaux, ses décors, ses cartons, hélas ! et le drame de *Zénobie !* Dès lors la fièvre redoubla et eut bon marché de sa victime. Une circonstance singulière marqua les derniers moments de Thérèse ; comme son hôtesse l'invitait à essayer de quelque nourriture :

« Je dînerai ce soir, dit-elle avec l'air et l'accent du délire, je dînerai en belle et nombreuse compagnie ! »

Et, d'une main tremblante, elle se mit à tracer des invitations. Or, voici quelle était la liste des convives :

Dryden, Malfilâtre, Savage, Chatterton, Gilbert, Escousse, Élisa Mercœur. . . . .

Les jours, les semaines, les mois qui suivirent ces fatales nouvelles, furent pour moi, comme vous pensez bien, remplis de distractions douloureuses. Les caractères répondaient les uns pour les autres à l'appel de mes doigts tâtonnants : je me barbouillais d'encre en essuyant mes pleurs, et une fois entre autres, m'étant penché sur *la forme* humide d'un placard qui devait annoncer la mise en location de je ne sais quel appartement, je trouvai, en me relevant, ces mots, imprimés sur mon gilet, à l'endroit du cœur : « *Vacant par suite de décès.* »

Note. — « *Thérèse Sureau* était dans l'origine un feuilleton plutôt qu'une nouvelle. Le drame (si drame il y a) servait là de prétexte au développement d'un paradoxe. Des conseils prudents, mais tardifs, imposèrent à l'auteur de larges suppressions qui, faites sur l'*épreuve* et quand il était trop tard pour supprimer la pièce entière, l'ont dénaturée complétement. »

Hégésippe Moreau. (Édition de 1838.)

Nous devons ajouter à cette Note, trop sévère à la fois et trop modeste, que *Thérèse Sureau* est restée, à travers toutes les corrections, un des plus jolis contes, d'un haut intérêt et d'une moralité profonde.

O. L.

LE NEVEU DE LA FRUITIÈRE

« Comment, malheureux ! — répétait à son fils le père Lazare, cuisinier à Versailles, — tu auras six ans à Noël, et tu ne possèdes pas encore le moindre talent d'agrément : tu ne sais ni tourner la broche, ni écumer le pot ! »

Et il faut avouer que le père Lazare avait quelque raison dans ses réprimandes, car, au moment où se passe cette scène, en 1776, il venait de surprendre son héritier présomptif en flagrant délit d'espièglerie et de paresse, s'escrimant, armé d'une brochette en guise de fleuret, contre le mur enfumé de la cuisine, sans souci d'une volaille qui attendait piteusement sur la table le moment d'être empalée, et de la marmite paternelle, qui jetait en murmurant des cascades d'écume dans les cendres.

— Allons, pardonnez-lui et embrassez-le, ce pauvre enfant ; il ne le fera plus, — disait une paysanne jeune encore, fruitière à Montreuil, et sœur de l'irritable cuisinier. — Marthe (c'était son nom) était venue à Versailles sous prétexte de consulter son frère sur je ne sais quel procès, mais en effet pour apporter des baisers et des pêches à son neveu dont elle était folle. Tout, dans le caractère et l'extérieur de cet enfant, pouvait justifier cette affection extraordinaire ; car il était espiègle et turbulent, mais bon et sensible, et gentil, gentil!... qu'on se tenait à quatre en le voyant pour ne pas manger de caresses ses petites joues, plus fraîches et plus vermeilles que les pêches de sa tante. Mais le père Lazare grondait toujours. — Six ans! — répétait-il, — et ne pas savoir écumer le pot! je ne pourrai jamais rien faire de cet enfant-là!

Le père Lazare, voyez-vous, était un de ces cuisiniers renforcés et fanatiques, qui regardent leur métier comme le premier de tous, comme un art, comme un culte, dont la main est posée fièrement sur un couteau de cuisine comme celle d'un pacha sur son yatagan; qui dépouillent une oie avec l'air solennel d'un hiérophante consultant les entrailles sacrées, battent une omelette avec la majesté de Xercès fouettant la mer; qui blanchissent sous l'inamovible bonnet de coton, et tiendraient volontiers, en mourant, la queue d'une poêle, comme les Indiens dévots tiennent, dit-on, la queue d'une vache.

Il n'y a plus de ces hommes-là.

Quant à Marthe la fruitière, c'était une bonne et simple créature, si bonne qu'elle en était... non pas bête comme on dit ordinairement, mais, au contraire, spirituelle. Oui, elle trouvait parfois dans son cœur des façons de parler touchantes et passionnées, que M. de Voltaire lui-même, le grand homme d'alors, n'eût jamais trouvées sous sa perruque.

Il y a encore de ces femmes-là.

— Frère, — dit-elle, émue et pleurant presque de voir pleurer son petit Lazare, — vous savez, ce grand bahut que vous trouviez si commode pour serrer la vaisselle, et que j'ai refusé de vous vendre? je vous le céderai maintenant si vous le voulez

— J'en donne encore dix livres, comme avant.

— Frère, j'en veux davantage.

— Allons, dix livres dix sous, et n'en parlons plus.

— Oh! j'en exige plus encore. C'est un trésor que je veux!

Le père Lazare regarda sa sœur fixement, comme pour voir si elle n'était pas folle.

— Oui, — poursuivit-elle — je veux mon petit Lazare chez moi, et pour moi toute seule. Dès ce soir, si vous y consentez, le bahut est à vous, et j'emmène le petit à Montreuil.

Le frère de Marthe fit bien quelques difficultés, car au fond il était bon homme et bon père; mais l'enfant en litige lui faisait faire, suivant son expression, tant de *mauvais sang* et de *mauvaises sauces*!... les instances de Marthe étaient si vives... et, d'un autre côté, le bahut en question était si commode pour serrer la vaisselle!... enfin, il céda.

— Viens, mon enfant; viens, — disait Marthe, en entraînant le petit Lazare vers sa carriole, — tu seras mieux chez moi, au milieu de mes pommes d'api, que tu manges avec tant de plaisir, que dans la société des oies rôties de ton père. Pauvre enfant! tu aurais péri dans cette fumée... Vois plutôt!, — ajouta-t-elle avec une naïve épouvante, — mon bouquet de violettes, si frais tout à l'heure, est déjà fané! Oh! viens et marchons vite: si ton père allait se dédire et te *revouloir!*

Et elle entraînait sa proie si vite, que les passants l'eussent prise à coup sûr, sans sa mise décente et l'allure libre et gaie de son jeune compagnon, pour une bohémienne voleuse d'enfants.

Le premier soin que prit la bonne tante, après avoir installé son neveu chez elle, fut de lui apprendre elle-même à lire, ce dont le père Lazare ne se fût jamais avisé car, totalement dépourvu d'instruction, le brave homme n'en connaissait pas le prix, et on l'eût bien étonné, je vous jure, en lui apprenant qu'une des plumes qu'il arrachait avec tant d'insouciance à l'aile de ses oies pouvait, tombée entre des mains habiles, bouleverser le monde. Le petit Lazare apprit vite, et avec tant d'ardeur, que l'institutrice était souvent obligée de fermer le livre la première, et de lui dire : « Assez, mon ange, assez pour aujourd'hui ; maintenant, va jouer, sois bien sage, et amuse-toi bien. » Et l'enfant d'obéir et de chevaucher à grand bruit dans la maison ou devant la porte, un bâton entre les jambes. Quelquefois l'innocente monture semblait prendre le mors aux dents. — Mon Dieu, mon Dieu ! il va tomber, — s'écriait alors la bonne Marthe qui suivait l'écuyer des yeux ; mais elle le voyait bientôt dompter, diriger, éperonner son manche à balai avec toute la dextérité et l'aplomb d'une vieille sorcière, et, rassurée, lui souriait de sa fenêtre comme une reine du haut de son balcon.

Cet instinct belliqueux ne fit qu'augmenter avec l'âge ; si bien qu'à dix ans, il fut nommé, d'une voix unanime, général en chef par la moitié des bambins de Montreuil qui disputaient alors, séparés en deux camps, la possession d'un nid de merle. Inutile de dire qu'il justifia cette distinction par des prodiges d'habileté et de valeur. On prétend qu'il lui arriva même de gagner quatre batailles en un jour, fait inouï dans les annales militaires. (Napoléon lui-même n'alla jamais jusqu'à trois.) Mais son haut grade et ses victoires ne rendirent pas Lazare plus fier qu'auparavant, et tous les soirs le baiser filial accoutumé n'en claquait pas moins franc sur les joues de la fruitière. Mais, hélas ! la guerre a des chances terribles, et un beau jour le conquérant éprouva une mésaventure qui faillit le dégoûter à jamais de la manie des conquêtes. Voici le fait : comme il se baissait pour observer les mouvements de l'ennemi, la main appuyée sur un tronc d'arbre et à peu près dans la posture de Napoléon pointant une batterie à Montmirail, le pantalon du général observateur craqua, et se déchira par derrière, où vous savez, laissant pendre et flotter un large bout de la petite chemise que Marthe avait blanchie et repassée la veille. A cette vue, les héros de Montreuil pouffèrent de rire, aussi fort que l'eussent pu faire les dieux d'Homère, grands rieurs comme chacun sait. L'armée se mutina, le général eut beau crier comme Henri IV dont il avait lu l'histoire : « Soldats, ralliez-vous à mon panache blanc ! » on lui répondit qu'un panache ne se mettait pas là, et qu'on ne pouvait, sans faire injure aux couleurs françaises, les arborer sur une pareille brèche ; si bien que le pauvre général brisa sur le dos d'un mutin son bâton de commandement, et rentra dans ses foyers, triste et penaud comme les Anglais abordant à Douvres après la bataille de Fontenoy... Ce nom me rappelle une circonstance que j'aurais tort d'omettre, car elle influa beaucoup sur le caractère et la destinée du héros de cette histoire. Un pauvre vieux soldat qui venait de temps en temps chez Marthe, sa parente éloignée, fumer sa pipe au coin de l'âtre, et se réchauffer le cœur d'un verre de ratafia, n'avait pas manqué d'y raconter longuement comme quoi lui et le maréchal de Saxe avaient gagné la célèbre bataille. Je vous laisse à penser si ce récit inexact, mais chaud, avait dû enflammer l'imagination du jeune auditeur. Depuis lors, endormi ou éveillé, il entendait sans cesse piaffer les chevaux, siffler les balles, et gronder les canons ; et plus d'une fois, seul dans sa petite chambre, il se fit en pensée acteur de ce grand drame militaire.

Il eût fallu le voir alors trépigner, bondir et crier :

— Tirez les premiers, messieurs les Anglais! — Maréchal, notre cavalerie est repoussée! — La colonne ennemie est inébranlable! — En avant la maison du roi! — Pif! paf! Baound! baound! — Bravo! le carré anglais est enfoncé! — A nous la victoire! vive le roi! Le pauvre Lazare se croyait pour le moins alors écuyer de Louis XV ou colonel. Une pareille ambition vous fait rire sans doute! C'eût été miracle, n'est-ce pas, que le neveu de la fruitière pût s'élever si haut? Oui, mais souvenez-vous que nous approchons de 1789, époque féconde e miracles, et écoutez :

Lazare, engagé d'abord dans les gardes françaises, malgré les larmes de sa tante, qu'il tâchait en partant de consoler par ses caresses, ne tarda pas à devenir sergent. Puis le siècle marcha, et la fortune de bien des sergents aussi. Enfin, de grade en grade, il devint... devinez. — Colonel? — Il n'y avait plus de colonels. — Écuyer du roi? — Il n'y avait plus de roi. — Vous ne devinez pas? Eh bien! Lazare, le fils du cuisinier, Lazare, le neveu de la fruitière, devint général; non plus général pour rire, et en casque de papier; mais général *pour de bon*, avec un chapeau empanaché et un habit brodé d'or; général en chef, général d'une grande armée française, rien que cela, et si vous en doutez, ouvrez l'histoire moderne, et vous y lirez avec attendrissement les belles et grandes actions du général Hoche. Hoche était le nom de famille de Lazare. Hâtons-nous de dire à sa louange que ses victoires, bien sérieuses cette fois, le laissèrent aussi modeste et aussi bon que ses victoires enfantines à Montreuil. Aussi, lorsqu'un jour de revue, il passait au galop devant le front de son armée, il y avait encore, à une fenêtre près de là, une bonne vieille femme qui couvait des yeux le beau général, haletante de plaisir et de crainte, et répétant comme vingt ans auparavant : « Mon Dieu ! mon Dieu ! il va tomber ! » Quant au cuisinier grondeur de Versailles, il était là aussi, émerveillé d'avoir donné un héros à la patrie, répétant avec un certain air de suffisance, à ceux qui l'en félicitaient : — Vous ne sauriez croire combien j'ai eu de peine à élever cet enfant-là ! Figurez-vous, citoyens, qu'à six ans il ne savait pas écumer le pot !

FIN

TABLE

	PAGES
Hégésippe Moreau.	1
Dix-huit ans.	27
Vive le roi.	29
Béranger.	31
Épitre à M. Firmin Didot, sur l'Imprimerie. . . .	33
Diogène, fantaisie poétique. — Préface de l'Auteur.	42
L'Abeille.	48
Le Parti bonapartiste, à Joseph Bonaparte. . . .	54
La Princesse.	57
Merlin de Thionville.	59
A M. C. Opoix, de Provins, ex-conventionnel. . .	67
Le Poëte en province.	74
A Henri V.	80
L'Apparition.	88
Les Noces de Cana.	94
Le Hameau incendié.	98
Un Souvenir à l'hôpital.	104
L'Hiver.	106
Les Modistes hospitalières, anecdote de Juillet 1830.	112
Vive la Beauté.	115
L'Amant timide.	117
Les Jeux de l'Amour et du Hasard.	119

TABLE

	PAGES
Chanson patriotique des Danseuses de l'Opéra, pour fêter l'anniversaire de la Révolution de Juillet.	121
L'Écolière.	124
Béranger.	127
La Muse.	129
Le Tocsin.	131
Souvenirs d'enfance.	133
La Fauvette du Calvaire, fabliau normand.	135
A un Auteur hermaphrodite.	137
Le Joli Costume.	138
A Jean de Paris, improvisé à une représentation de *Don Juan*.	141
Surgite mortui, couplets chantés à un déjeuner dont tous les convives avaient tenté ou médité le suicide.	144
Le Dernier Jour.	147
Les 5 et 6 Juin 1832, chant funèbre.	150
Mil huit cent trente-six.	155
Nicolas, chanson à boire écrite sur la carte à payer d'un restaurateur.	159
Les Croix d'honneur.	162
L'Ile des Bossus, conte-chanson.	164
La Fermière, romance.	169
Si vous m'aimiez, romance.	172
A une Dame qui se plaignait de voir aux Tuileries sa chaise entourée de jeunes gens.	174
Les Deux Amours.	174
Les Contes.	177
L'Oiseau que j'attends, romance.	181
Les Cloches.	183
Le Revenant.	186
Bordeaux, ode à Madame ***, de la Gironde.	188
Lacenaire poëte.	193
Le Corse.	198
A Médor.	200
Les Voleurs.	202
M. Paillard.	205
Réponse à une invitation.	205

TABLE

	PAGES
La Confession.	209
Fable.	211
L'Isolement, élégie, à Madame ***.	212
Soyez bénie!	217
Sur la Mort d'une Cousine de sept ans	218
L'Enfant maudit, conte.	220
Les Signes de croix.	224
Un Quart d'Heure de dévotion.	227
Le Chant des Anges, romance.	234
La Sœur du Tasse.	237
La Voulzie, élégie.	241
Le Baptême.	243
A mon Ame.	245
A mes Chansons.	248
CONTES. — Le Gui de chêne.	253
La Souris blanche.	267
Les P'tits Souliers.	285
Thérèse Sureau.	297
Le Neveu de la Fruitière.	309

FIN DE LA TABLE

PARIS. — IMPRIMERIE CH. BLOT, RUE BLEUE, 7.

www.ingramcontent.com/pod-product-compliance
Lightning Source LLC
Chambersburg PA
CBHW071241160426
43196CB00009B/1141